王建华 主编

青春法律防线
快读

中国检察出版社

浙江省社会科学普及重点课题

加强法制教育

做好犯罪预防

蒋临生

二〇一一年十月

序二 马教授纵谈青少年法治文化教育

　　在改革开放的今天，青少年犯罪与过去相比，发生了很大的变化，出现了一些新的趋势。

　　青少年违法犯罪，是我们最不愿看到的，却又无法回避的社会现实。它不仅直接危害着年轻一代的健康成长，而且严重影响着社会的稳定。新形势下如何开展青少年的法治教育工作？我想到了自己念博士时，在美国的东北，生长着大片的橡树林。有一年橡树上突然长了一种名叫舞毒蛾的害虫，由于这是一种极难扑灭的害虫，所以美国政府并没有组织人力进行大规模的治理，也没有喷洒任何农药，所以大片的橡树叶子被吃得一干二净。但是过了一段时间奇迹出现了，橡树又重新长出了新芽新叶。科学家在惊喜之余，通过研究发现橡树叶子中含有大量的单宁酸，橡树就是运用这种自我保护的本领战胜了舞毒蛾，重新焕发了新生。可见，一株幼苗要长成参天大树，仅靠大自然提供的阳光、空气、水分及所需的养料是不够的，其自身还必须具有抵制各种病虫害的能力。青少年就像茁壮成长的幼苗，要成为国家的栋梁之才，也必须具有橡树的这种本领，这就是必须要有一定的法律知识和法律素质。因为我们这个世界，从来就充满了各种各样的诱惑。面对诱惑，我们青少年如何把握自己，如何选择正确的道路，这是一个考验意志的过程，是一个磨炼性格的过程，是一个认识自我的过程，也是一个塑造人生的过程。

　　●关于"百忍堂"的来历及中国的文化建设

　　现在青少年违法犯罪严重，我们不能局限在法律层面找原因，也不能单从家庭原因上找问题，我想很大程度上应该从社会道德文化、法制文化的教育上找问题。我们中国为什么经常会在国际舞台上丧失话语权，因为，我们没有占领文化的制高点。昨天，我从路桥机场下飞机后，应朋友之邀，参观了台州的"百忍堂"和"龙游谷"。在离台州市中心区8公里的塘里洋村张姓人家建了一个"百忍堂"，堂上有一首"百忍歌"，歌中说：不忍小事变大事，不忍善事终成恨；父子不忍失慈孝，兄弟不忍失爱敬；朋友不忍失义气，夫妇不忍多争竞。如今犯罪人，都是不知忍；古来创业人，谁个不是忍。仁者忍人所难忍，智者忍人所不忍。

我问及"百忍堂"的来历，这位朋友告诉我，他们的始祖张公艺，以"忍、孝"治家，九世同居，和睦相处。唐高宗闻讯亲临其家，问及九世同堂的秘诀，当时88岁的张公，辅纸端墨，一口气写下了九十九个"忍"字。高宗倍受感动，封其为醉乡侯，封其长子张希达为司仪大夫，并亲书"百忍义门"四个大字。后代为弘扬"忍、孝"文化，所以建了"百忍堂"。像这样的"百忍堂"遍布全国各地，可以说有张姓人家的地方就有"百忍堂"。张家人对子孙进行"忍、孝"教育，这是一种道德文化的力量。中国自从经历"五四"运动打倒孔家店和文化大革命后，这种道德文化已经荡然无存，现在提倡法治建设，法治文化又来不及创立。当下道德文化、法治文化教育缺失将严重影响中国一代甚至几代人的健康成长。所以，现在我们的国民，特别是青少年，往往被西方国家用于殖民的低级文化洗脑。我们学习外国文化，却没有学到人家好的，把人家的文化垃圾拿过来。我们现在的青少年一代，他们崇拜美国，你问他美国哲学家有谁、美国的画家有谁，他们却啥都不知道，他知道的却是连美国人自己也认为不好的东西，美国真正有价值的东西他们全然不知道。这是什么原因？答案只有一个，就是因为我们的文化建设没有搞好的缘故。现在中国高层开始重视文化建设，这对青少年法制文化教育工作应该说也是一个良好的转机。

●龙游谷主人与他的"两字"经

龙游谷地处台州市与临海市的中间位置，属东塍镇琅坑岭南麓，这是一个神奇的地方。她的神奇不在于山水优美、空气清新，而在于人文现象奇特：60年前，在这崇山峻岭间走出了数十位的国共两党的高级将领，谷之东边的岭根村就被人称为"将军村"；100年前，这里有不少仁人志士参加了辛亥革命，如王文庆、屈映光、王尊、王素常等；200年前，这里的山水哺育过一位世界长寿老人王世芳，享年141岁。百岁寿辰时，乾隆皇帝赐建了"升平人瑞"牌坊，堪称古今传奇；800年前，谷中建有夏周坑寺，寺内设义学，那时香火鼎盛，培育出诸多有功名的学子——台州市原政协副主席娄依兴称此为：东乡胜景，人杰地灵！更奇的是40年前有一位青年人，前往大西洋彼岸美国探亲，看见富得流油的美国人几乎每户人家都养有宠物，他突发奇想要给他们的宠物测试智商，于是回国后研制出能测验动物智商的宠物玩具礼品，运往大西洋彼岸，成为美国人争相购买的热门商品。这位当年的青年才俊，现在已经步入古稀之年，他用从美国人那里赚来的钱，承包了龙游谷，在这里植树造林种果木。我们称他为龙游谷主人，他纠正了我们的说法："不对，我们都是龙游谷的匆匆来客，山谷才是真正的主人"！他就是当地知名企业家李华荣先生。我们钦佩李华荣先生的智慧和他的健谈。华荣先生只有小学文化，他凭着自己的人生阅历和聪明才智，对为人处世总结出"准"和"道"两个字，并将这两个字刻在他的工艺品有限公司的门前。没等我们问这两个字的含义，他便娓娓道来：准就是标准、基准、准确；道就是门道、途径和方法。他说："一个人只要做到这两个字，走遍天下都不怕，神仙也要敬你三分！"我想这"两字"经，正是华荣先生企业成功的文化支柱，也可作为教育青年一代积极向上的文化动力。我想文化不仅仅在书本之中，文化也不仅仅在于学历的高低，文化也应在于民间的凡夫俗子之中，文化更在于大自然的山水之间，我们中华大地无处不孕育着鲜活的充满人性的文化！

● **优秀文化决定健康人生**

人生重要的不是所站的位置，而是所朝的方向。文化教育对青少年的发展方向至关重要，古人曰：子不教，父之过！今后，我们拿什么教育孩子们呢？我想，应该拿出有文化内涵和文化品位的法制文化教育读本。今天大家所列举的大量案例和专家建议已经够丰富多彩了，它本身就是一部很好的教材，请《青春法律防线》编辑部的同志们，能否将其分为犯罪警示、被害预防和法律权利三大门类，汇编成书，教育我们更多的孩子们！

讲到法律权利，我要提一下，中国检察出版社 2007 年出版的《中国公民你不可不知的 150 项法律权利》一书，作者王建华就是台州人，此书对中国法治文化具有重大的意义：它首先对争论了数十年，美国人一直指责中国有没有人权的问题作出确切的回答；其次，它告诉中国公民，法律不是仅讲义务，更讲权利，于是，老百姓开始热爱法律，喜欢用法律维护自己的权益。这是什么力量？这就是一种法律文化的力量！转型中的中国，权利是一把钥匙，它将打开公民社会的大门；权利是时代的强音，它呼唤公平正义的到来。中国的稳定和发展，一切都将奠基于权利，权利摇晃的国度，绝不可能固若磐石。

今天，我们要用法律文化，教育年轻人：我们的时代亟须正义，对权利的坚守是正义之源！法律的核心是权利，我们关心法律，就是关心自己的权利！

优秀文化决定健康人生。青少年能否健康成长，关键在于有没有优秀的道德文化和法制文化的教育。教育是一项崇高的社会公益事业，也是一个系统工程。目前，这项工程问题不少。有识之士曾呼吁："救救教育"、"救救孩子"、"不要让孩子输在起跑线上"！但起跑线究竟在哪里？如果这个问题没有搞清楚。恐怕输的不仅是起跑线，而是终点线了！

当前，青少年犯罪之所以较多，固然是多方面原因和多种因素综合作用的结果。因此，解决的办法只有采取综合治理。全社会要形成一个良好的育人环境，多多关心和支持教育工作，多做青少年的法制文化教育工作。

我始终认为，青少年的人生起点在家庭，知识基础在学校，健康成长在社会。预防未成年人违法犯罪，只要从犯罪警示、被害预防和法律权利这"三点一线"入手，相信不远的将来，我们的下一代在防侵蚀、防被害的能力方面必定有明显的提高！

我期望不少正在迷途中徘徊的孩子们也会像美国东北的橡树林一样获得新生并茁壮成长！

（摘录于马教授在"青春法律防线"
专题研讨会上的总结发言）

目录

序一：用法律为青春筑起坚固的防线 ···················· I
序二：马教授纵谈青少年法治文化教育 ·················· I

A 犯罪真的不值得 ····················· 1

1. 模仿小说情节敲诈钱财法不容 /8
2. 偷盗亲戚家的财物算作犯罪吗 /10
3. 儿做小偷母纵容，"孝顺"不当酿苦果 /12
4. 电脑上的"钱"也不能"捡" /14
5. 迷恋手机入痴狂 竟铤而走险去犯罪 /16
6. 聚众哄抢为的是讨回工钱 /18
7. 别人遗忘的东西能归为己有吗 /20
8. 与幼女发生关系 均以强奸论处 /22
9. 只想赚点零花钱 看守赌场也犯罪 /24
10. 盗空调铜管只卖得 200 来元 为何被重判 6 个月 /26
11. 网络口角成了聚众斗殴的"导火线" /28
12. 为女友找人"对冲" 顾脸面触犯法律 /30
13. 砸路灯时轻松，付出代价惨重 /33
14. 高速路扔石块的后果 /35
15. 本想要回自己的钱，却犯了非法拘禁罪 /37
16. 11 岁男童被绑，绑匪竟然也是少年 /39
17. 没有偷到一分钱，照样被判刑 /41
18. 高明"黑客"也逃脱不了法律的制裁 /43
19. 小天取卡后退钱自首被法律宽大处理 /45

目录

20. 信用卡透支成瘾成了犯罪　/47

21. 遇到事情不冷静　车祸变成杀人案　/49

22. "仇富"嫉火把自己烧进了班房　/51

B　防人之心不可无 ………………………………… 55

1. 遇到不法侵害时，如何保护自己　/58

2. 途中遇到抢夺或抢劫犯罪怎样应对　/61

3. 女性怎样防范不法侵害　/64

4. 一个人在家遭遇小偷怎么办　/66

5. 遇到不明真相的人上门怎样办　/68

6. 有人拉你参与打架、抢劫、盗窃怎么办　/70

7. 面对"无赖"，该怎么办　/72

8. 遇上小偷怎么办　/74

9. 发现有人跟踪怎么办　/76

10. 女生遇到有人耍流氓怎么办　/78

11. 怎样对待网上认识的朋友　/80

12. 遇到陌生人求助怎么办　/82

13. 遇到陌生人请你领路怎么办　/83

14. 陌生人送给你东西怎么办　/84

15. 一旦发现食物中毒了怎么办　/86

16. 如何不让毒瘾上身　/88

17. 怎样防止别人给你"下蛊"　/91

18. 轻信他人将后患无穷　/93

C 我的权利谁做主 ······························ 97

1. 十六岁的少年要求独立生活，父母就能以此为由不
   承担抚养义务吗　/101

2. 十七岁的少年有无选举权　/104

3. 未成年人积极报案是否应该得到肯定和鼓励　/106

4. 出生年龄的一天之差使少年陈垒从有罪变为无罪　/108

5. 都是一起作案的为什么有不一样的处罚　/111

6. 父母对子女的日记享有知情权吗　/113

7. 谁侵犯了孩子们的受教育权　/116

8. 未成年人是否有权利使用压岁钱且不用交给家长　/118

9. 对有"严重不良行为"的未成年人应当怎样依法
   矫治　/120

10. 未成年人怎样才能改名　/122

11. 胎儿（遗腹子）有继承权吗　/125

12. 未成年人的财产谁做主　/127

13. 教师能否体罚学生　/129

14. 非婚生子女是否有继承权　/131

15. 父母能否代未成年子女订立婚约　/133

16. 离婚后随一方生活的未成年子女侵害他人，
    为何另一方也要赔偿　/136

17. 校园人身伤害，学校担责几何　/138

18. 校外辅导班学生出事故，责任谁担　/141

19. 恨学生偷钱不争气　学古人脸上刺红字　/144

目录

附 录·· 146

　　一、模拟法庭情景剧　/146

　　二、"青春法律防线"论坛　/161

　　三、法制校长教案选　/165

后 记·· 178

《青春法律防线》之

——犯罪真的不值得

时间：**2011** 年初冬季节
地点：著名佛教圣地天台山
全国首届"青春法律防线"研讨会正在这里举行！
会议时间：**11** 月 **11** 日至 **13** 日
会议主题：如何开展新时期青少年法制文化教育工作？

　　清晨，步入初冬的江南细雨绵绵，仍不肯退去浓浓秋意。
　　"秋风秋雨融秋水，滋润万物待新年！"会议主办方召集人马教授晨练完毕，心情特别愉悦，刚赋完这首小诗。突然，有三个年龄不一、身份不明的少年出现在天台山国清宾馆门外。他们徘徊多时，一会儿窃窃私语，一会儿又分头离开。三少年的怪异行踪引起了马教授的警觉。马教授让工作人员立即向附近的派出所反映，派出所民警迅速赶到逮住了其中一个年龄较轻的小胖子。

据小胖陈述，他们均是来自邻县的在校学生，由于他们在家都出了点事，便结伙出来闯荡。小胖说："我们出家前带来的钱都花光了，听人说这里正召开一个高级别会议，今天又是'光棍节'（意为两个1，就是两个光棍），本来三人商量好搞点钱庆祝一下这百年一遇的'光棍节'（2011.11.11）。但到了这里，大胖看到是'青春法律防线'会议，认为自己出事是被人拉拢和受骗的，主动交代了可能不会有什么大事，但心里又没有把握，所以想咨询一下懂法律的叔叔阿姨们。我也赞同大胖的意见，可猴仔不同意，便发生了争执。意见还没有统一好，结果就被你们逮住了……"

民警将了解到的情况向马教授作了汇报。马教授认为，这是研讨青少年法制教育理论难得的好素材，请警方能否设法将另外两人找到，作为特殊与会者，一起参加研讨，会议意义将会非同凡响。

于是，会议组委会根据马教授的提议，决定调整会议议程，先就三个流浪少年的不同情况和法律疑难问题展开一次专题研讨。此书的内容便是根据本次研讨会上，大家交流介绍的一些典型案例和专家点评加以整理和汇编。

参加研讨的人员及其身份有：

1. 马教授，男，55岁，上海某大学教授，知名法学家、社会学家，博士生导师，《青春法律防线》杂志主编，《中国青少年犯罪》杂志、台州法治文化研究会特聘顾问。

2. 检姐白雪，女，40岁，毕业于华东政法大学，后考入美国哈佛大学攻读研究生，在青少年犯罪预防方面有较深研究，现任某市检察院公诉处长，曾获得全省十佳检察官荣誉。

青春法律防线形象设计 — 马教授

青春法律防线形象设计 — 检姐白雪

3. 法妹红霞，女，32 岁，某地基层法院少年庭庭长，全国"五一"劳动奖章获得者。

青春法律防线形象设计 — 法妹红霞

青春法律防线形象设计 — 警弟志强

青春法律防线形象设计 — 法援兄陈维权

4. 警弟志强，男，30 岁，某地公安警察。

5. 法援兄陈维权，男，55 岁，某市司法局法律援助中心主任。

6. 特殊与会人员 3 位：

猴仔，男，18 岁，某中学初三学生，因实施敲诈勒索犯罪，被公安机关通缉，外逃至今。

　　大胖，男，17岁，被诱惑参与猴仔敲诈勒索犯罪行动。

　　小胖，男，16岁，因盗窃亲戚家的财物被公安机关立案侦查后觉得无脸见人在外流浪至今。

青春法律防线形象设计——猴仔、小胖、大胖

　　7. 其他与会学者、专家及《青春法律防线》编辑部工作人员共计32人，不作一一介绍。

检姐自言开场话

　　近年青少年犯罪林林总总、形形色色，虽然各人都有自身的原因，但更多的是因为我们法制道德教育方式的简单、内容的滞后等原因。就我们调查的情况看，80%的人都认为如果有一定的法律知识、法制教育到位的话就不会有这么多的青少年犯罪。大量的犯罪案例足以说明，一些不法分子传播和大肆渲染西方腐朽没落的生活方式、凶杀、色情、淫秽及黄、毒、赌等低级趣味、不健康的东西，它不仅毒化人们的灵魂，特别是未成年人纯洁的心灵，而且很容易诱发青少年犯罪；一旦

他们失足成了千古恨，心灵深处的忏悔便是："犯罪真
的不值得！"

"犯罪真的不值得"！这既是他们的内心忏悔，也
是我们对失足者的同情。但是，我们不能仅仅停留在同
情上，而是应该伸出一双温暖的手，倾入一片温情
的心。

1 模仿小说情节敲诈钱财法不容

★**案情回放**：大清早，包子店王老板看到一只死猫横尸店铺门前，上有一张沾满鲜血的纸写道："兄弟没钱吃饭，找你借 3000 元花花，如果不听话让你的包子吃死人。"策划这一幕的，竟是一名 18 岁的男孩。他就是引言中提到的特殊与会人员猴仔，猴仔来自湖北，小学毕业后没再上学，不久前跟父亲到新兴海滨城市台州打工，先后找了几份工作都没能做长久。后又迷上了网络游戏，他的零花钱很快就用完了，于是想起前不久在小说里读到的敲诈勒索的情节，便教唆大胖捉住一个活猫，弄死后，放到包子店王老板的门口……

法妹红霞：猴仔以威胁手段恐吓包子店王老板，尽管在其实施恐怖行为中，并未勒索到钱财，但他的行为已经引起周围居民的恐慌，且教唆未成年人大胖伙同犯罪，社会性质恶劣。是否应当追究法律责任？一是要看他的法定年龄是否达到？二是看他的认罪态度，是否主动投案自首？

检姐白雪：今天，我们暂不去讨论要对猴仔怎样定罪量刑，而是重点讨论并交流像猴仔、大胖、小胖这样的未成年人是怎样走上违法甚至犯罪道路的？

许多未成年人由于盲目消费，尤其是许多外来打工人员，他们中的很多人无一技之长，一时找不到合适的比较固定的工作，不能很快融入城市生活，面对经济发展较快、居民生活相对较富裕的社会状况，产生较大的心理落差和不平衡感，进而铤而走险，采取敲诈勒索、抢劫等犯罪行为来满足自己的需求，猴仔就是其中的一员。

小 Tip

敲诈勒索罪是指以非法占有为目的，对被害人使用威胁或要挟的方法，强行索要公私财物的行为。根据我国《刑法》第274条规定：敲诈勒索公私财物，数额较大或者多次敲诈勒索的，处3年以下有期徒刑、拘役或者管制，并处或者单处罚金；数额巨大或者有其他严重情节的，处3年以上10年以下有期徒刑，并处罚金；数额特别巨大或者有其他特别严重情节的，处10年以上有期徒刑，并处罚金。

❷ 偷盗亲戚家的财物算作犯罪吗

★**案情回放**：小胖刚满 16 周岁，一天，他偷拿了姑姑的 4000 元现金，小胖姑姑在发现钱不见后报了案，公安机关侦查后认定是小胖偷盗的，经审查小胖也承认了。案发后，父亲及时替小胖赔偿了这 4000 元，小胖因为害怕离家出走了。现在小胖想知道司法机关还会不会追究他的刑事责任？

法妹红霞：根据我国《刑法》第 264 条规定：盗窃公私财物，数额较大或者多次盗窃的，处三年以下有期徒刑、拘役或者管制，并处或者单处罚金。小胖已满 16 周岁，且 4000 元的金额已经达到数额较大的标准，依法是应当负刑事责任的。但他的情况有些特殊，作案对象是亲属，根据《最高人民法院关于审理盗窃案件具体应用法律若干问题的解释》的有关规定，偷拿亲属的财物一般可不按犯罪处理；盗窃数额较大，已满 16 周岁不满 18 周岁未成年人作案，全部退赃的可以不作为犯罪处理。因此，司法机关可以依法不对小胖追究刑事责任。

❸ 儿做小偷母纵容，"孝顺"不当酿苦果

★**案情回放**：年仅 19 岁的何华，前去看望在外地打工的妈妈张淑瑶。冬季的寒风吹来，何华感觉很冷，就偷偷钻进服装专卖店内偷了许多衣服、裤子和鞋子。何华想起母亲没什么好衣服，顺便为母亲也偷了一些衣服。母亲知道是儿子偷来的，不仅没有教育儿子，反而穿起了儿子为她偷来的漂亮衣服。何华所盗窃的衣服总价值为 3578 元。这个母亲也因窝藏赃物被公安机关行政拘留 10 日并罚款 200 元。法院经审理后认为，何华以非法占有为目的，秘密窃取他人财物，数额较大，已构成盗窃罪。考虑到何华作案时未满 18 周岁，依法予以从轻处罚，法院以盗窃罪判处其有期徒刑 6 个月，并处罚金人民币 4000 元。

🐱 检姐白雪：此案是一个典型的现代版母纵儿偷的故事。民间有个传说，说古代有一个儿子因犯法被杀头，临刑前提出要

见一下母亲，母亲来到后，儿子说要再吮母亲一口奶，母亲答应后，就在儿子吮吸母亲奶头时一口咬掉了母亲的奶头。母亲大喊：儿啊，为什么这样对待母亲？儿答：娘啊，我今日这个下场都是你的缘故！小时候我偷邻居家的鱼鲞回家，你不阻止反而表扬我机灵，从此我一步步成为大盗！

法妹红霞：家长是孩子的第一任教师，有些家庭对子女溺爱纵容，百依百顺，放任自流，助长了小孩的任性和放荡不羁；有的家长忙于发家致富，无暇顾及子女，使子女与社会上不三不四的人来往而学坏，导致走上违法犯罪的道路，他们没有尽到自己的职责。据专项调查，青少年犯罪中盗窃案占50.99%。未成年人盗窃大多是因为虚荣心强，羡慕别人的东西，或者偷东西卖钱，供自己挥霍，动起了歪点子，开始是小偷小摸，渐渐胆子就大了，发展为盗窃。小偷小摸的不良行为应该引起家长的高度重视。

小 Tip

盗窃罪是指以非法占有为目的，窃取他人占有的数额较大的财物，或者多次盗窃的行为。根据《刑法》第264条规定："盗窃公私财物，数额较大的，或者多次盗窃、入户盗窃、携带凶器盗窃、扒窃的，处3年以下有期徒刑、拘役或者管制，并处或者单处罚金；数额巨大或者有其他严重情节的，处3年以上10年以下有期徒刑，并处罚金；数额特别巨大或者有其他特别严重情节的，处10年以上有期徒刑或者无期徒刑，并处罚金或者没收财产。"

❹ 电脑上的"钱"也不能"捡"

★**案情回放**：一天，齐秦登录游戏点卡销售网站购买游戏卡，在用鼠标左键点击"确认无误，付款"标识时，齐秦无意中发现，只要用鼠标连续不断地多次点击该标识，网络就会给出几条至几十条不等的同样面值的"久游"休闲卡卡号和密码。他告诉了自己的朋友，决定利用这一程序漏洞"刷卡"，短短15天时间，就从网上刷出了价值20余万元的"久游"休闲卡，并在网上卖出了6万元。公安机关抓获了齐秦等人。最终案件移送法院，齐秦以诈骗罪被判处有期徒刑6年，罚金5万元人民币。

🐷**检姐白雪**：由于网络系统出错，齐秦才额外多获得充值卡，况且网络游戏点卡属于虚拟财产，不能等同于现实生活中的财产，齐秦等人的行为算不算犯罪？办案检察官认为，齐秦明知电脑程序有漏洞，为了非法占有游戏点卡，通过连续快速点击的非正常操作手段，虚构多次付款事实，使电脑程序误认为行为人进行了多次付款，并以此作出错误判断，最后电脑程序根据此错误判断，自愿向行为人发出了超值的游戏点卡。因此本案构成诈骗罪。

警察志强：齐秦本质上不是个坏孩子，但他的贪心让他一步步走向危险的境地。齐秦交代说，他刷完卡后，也有点担心，害怕那家网络公司会追究此事，结果有人告诉他，如果有人找过来，把钱退了就没事了。于是，天真的齐秦就坐在家里等人上门来找他退钱。此后，网络公司确实没有找他。找上门来的却是南京警方。齐秦后悔地告诉民警："肠子都悔青了，早知道这是触犯法律的事情，打死我也不干啊！"

法援兄陈维权：这起案件可以称作是"许霆案"的网络版。广州青年许霆在银行 ATM 取款机取款，结果取出 1000 元后，他惊讶地发现银行卡账户里只被扣了 1 元，利用这一漏洞，许霆取出了 17.5 万元，被认定犯盗窃罪，判处有期徒刑 5 年。齐秦他们的案子与许霆的案子其实性质是类似的。只不过齐秦一伙获取非法利益的载体不是银行的自动取款机，而是网络，因此，称之为"网络版许霆"。

小天 Tip

诈骗罪是指以非法占有为目的，用虚构事实或者隐瞒真相的方法，骗取数额较大的公私财物的行为。根据我国《刑法》第 266 条规定："诈骗公私财物，数额较大的，处 3 年以下有期徒刑、拘役或者管制，并处或者单处罚金；数额巨大或者有其他严重情节的，处 3 年以上 10 年以下有期徒刑，并处罚金；数额特别巨大或者有其他特别严重情节的，处 10 年以上有期徒刑或者无期徒刑，并处罚金或者没收财产。"

⑤ 迷恋手机入痴狂　竟铤而走险去犯罪

★**案情回放**：18岁的青年周伦，追崇名牌装备，但是因为经济条件限制，他的很多追求都无法满足。一天，周伦又来到学校旁边的电子商城。服务员已经熟悉了，马上拿出一款手机递给周伦，一边与另一位顾客谈话。周伦脑子里闪过一个念头："现在商城里人这么多，拿了手机就跑，售货员肯定找不到自己。"他一把接过手机，转身就跑。结果还是被保安抓住。法院以抢夺罪判处周伦拘役4个月，并处罚金2000元。

法妹红霞：毫无疑问，周伦的行为已经触犯了法律。但是，我也办过这样一个案件，看起来好像是朋友间的打闹，但同样也触犯了抢夺罪。男孩爱慕女孩，可是与对方是第一次相识，为了能与对方多交往，男孩想出了个傻主意，拿走女孩手机不归还，称自己太喜欢女孩才这样做的。女孩讨了几次也讨不回来，一着急报了案。此时的男孩还以为这一切只是朋友玩笑，没放在心上，直到警方将其刑拘，才意识到事情的严重。

在法庭上，辩护律师认为男孩只是通过拿手机实现二人交往的目的，且没使用暴力，虽然这种占有的方式不合法，但情节十分轻微，因此，应免予刑事处罚。法院审理认为，这名男孩乘人不备，将其手机夺走后不肯归还，且案值较大，其行为特征符合抢夺罪的构成要件，以此判处其犯抢夺罪，处拘役4个月，罚金2000元。判决后，男孩感叹"追美女也要守法，真是悔不当初"。

小主Tip

抢夺罪，是指以非法占有为目的，乘人不备，公开夺取数额较大的公私财物的行为。根据我国《刑法》第267条规定：抢夺公私财物，数额较大的，处3年以下有期徒刑、拘役或者管制，并处或者单处罚金；数额巨大或者有其他严重情节的，处3年以上10年以下有期徒刑，并处罚金；数额特别巨大或者有其他特别严重情节的，处10年以上有期徒刑或者无期徒刑，并处罚金或者没收财产。携带凶器抢夺的，以抢劫定罪处罚。

❻ 聚众哄抢为的是讨回工钱

★**案情回放**：初中刚毕业的刘丰在网吧当网管员。可刘丰常常旷工，为此老板扣下他部分薪水。刘丰决定设法补回自己的损失，约上朋友偷网吧电脑内存条。网吧服务员发现后进行阻拦，刘丰一伙警告说："你不要出声，再讲我捅几刀给你。"他们拆走 6 条价值人民币 1386 元的内存条，顺利得手后想想不过瘾，又纠集了认识的十几个人拆卸电脑配件，当晚共抢走价值人民币 9988 元的两台电脑主机及 28 条内存条。最终法院以抢劫罪、聚众哄抢罪，判处刘丰有期徒刑 2 年 6 个月，并处罚金 2000 元，其他参与人员皆被处罚。

🐷**法援兄陈维权**：老板克扣工钱，本该通过正当的途径寻求解决的办法，然而 17 岁的刘丰却采取过激行为，招来一帮友仔拆老板的网吧电脑内存条，并哄抢价值近万元的电脑主机和内存条。如果刘丰采取合法的手段，比如求助劳动保障部门，求助于司法机关、求助于大人，事情应该能得到合理的解决。

检姐白雪：聚众哄抢案有个很大的特点，就是"聚众"作案。由于未成年人体力智力都未发育成熟，独立性差，喜欢结伙聚群玩耍，若与有不良行为的人或有犯罪行为的人混在一起，就很容易被感染，结成犯罪团伙。这些人在作案时，相互壮胆、相互逞强，其危害程度往往在作案过程中逐步升级。正如人们所讲的：青少年犯罪时一个人犯罪胆小如鼠，两个人犯罪气壮如牛，三个人犯罪无法无天。此案给我们一个警示，千万不要出于什么朋友义气，乱帮别人的忙，违法的事情不能参与，不要以为法不责众，法律有一双"慧眼"，不会放过一个犯罪的人。

小Tip

　　纠集多人，实施哄抢公私财物，数额较大或者情节严重的行为，即构成聚众哄抢罪。根据我国《刑法》第268条规定，聚众哄抢公私财物，数额较大或者有其他严重情节的，对首要分子和积极参加的，处3年以下有期徒刑、拘役或者管制，并处罚金；数额巨大或者有其他特别严重情节的，处3年以上10年以下有期徒刑，并处罚金。

7 别人遗忘的东西能归为己有吗

★**案情回放**：在一家排档做服务员的冰冰没想到，今天她会发了"洋财"。这天，几个客人至排档吃饭，其中一位随手将提包放到了包厢的窗台上，结果走的时候忘记拿回。冰冰清理卫生时发现了这只沉甸甸的提包，打开一看，里面有厚厚几叠人民币，大概有三四万的样子，还有一些信用卡、身份证、黄金饰品等贵重物品。冰冰决定把包交给酒店领导，刚走到半路又打起了小算盘，心想客人已经喝得晕乎乎了，说不定记不起把包放到哪里了。她就把包藏到了储藏室里，打算下班的时候带回家。没想到大概过了一个小时左右，客人找回来了，冰冰坚持说没有发现，并说可能是最后一拨吃饭的客人拿走了。在交涉无果的情况下客人报了警，并以冰冰涉嫌侵占罪向法院提起诉讼。

🐿**法援兄陈维权**：在该案件中，冰冰作为饭店服务员，对顾客遗忘、遗失在饭店的财物，应当负有保管的义务，该手提包对于客人而言显然是遗忘物，他主动找到冰冰后，冰冰拒不交出，数额较大的就构成侵占罪。侵占罪与其他侵犯财产犯罪的一个关键区别在于侵占包括两个密不可分的行为特征，即合法持有＋非法侵吞。遇到这种情况，遗失东西的人可以向法院起诉。

警弟支招：拾金不昧，是每一个公民应有的基本素质。拾东西并不违法，关键在于将其据为己有，那就是违法了。

小 Tip

　　侵占罪，是指以非法占有为目的，将他人交给自己保管的财物、遗忘物或者埋藏物非法占为己有，数额较大，拒不交还的行为。本罪的主体为一般主体，凡年满16周岁具有刑事责任能力的自然人均可构成本罪。根据我国《刑法》第270条规定，构成本罪的处2年以下有期徒刑、拘役或者罚金；数额巨大或者有其他严重情节的，处2年以上5年以下有期徒刑，并处罚金。同时还规定：将他人的遗忘物或者埋藏物非法占为己有，数额较大，拒不交出的，依照前款的规定处罚。

⑧ 与幼女发生关系　均以强奸论处

★**案情回放**：17 岁的李小鹏通过网络认识了 13 岁初中学生王菲。两人因为谈得投机，李小鹏与王菲约定见面。见面后，李小鹏看王菲长得跟视频中一样清纯动人，非常喜欢。王菲也通过网络的多次交流，熟悉了这个哥哥，因此没有一丝陌生感。谈着谈着，李小鹏因为冲动，抱住了王菲，王菲没有抵抗，两人半懂不懂地就发生了关系。王菲回家后告诉了母亲此事，母亲马上报案，公安机关在经过仔细的侦查、取证后，以强奸罪将李小鹏刑事拘留，检察院以强奸罪对李小鹏提起公诉。

🐔**检姐白雪**：现代青少年心理成熟快，感情易冲动且不能自控，容易误入歧途。如有的就是在性成熟过程中对生理常识缺乏了解而产生神秘感和好奇心，在外部条件影响和感情冲动下从事性犯罪活动。案发后，很多人对李小鹏的行为感到惋惜，对法律知识的欠缺，使得两个花样少年双双付出了巨大的代价。

法妹红霞：根据我国最高人民法院在 2003 年 1 月颁布的《关于行为人明知是不满十四周岁的幼女双方自愿发生性关系是否构成强奸罪问题的批复》规定："行为人明知是不满十四周岁的幼女而与其发生性关系，不论幼女自愿，均应依照刑法第 236 条第 2 款的规定，以强奸罪定罪处罚。"由于李小鹏在与王菲发生关系之前，明知王菲不满 14 周岁却与其发生关系，触犯了我国刑法第 236 条第 2 款的规定，以强奸罪定罪处罚。

小 Tip

　　强奸罪，是指违背妇女意志，使用暴力、胁迫或者其他手段，强行与妇女发生性交的行为。它严重侵犯了妇女人身权利，根据我国刑法规定，构成犯罪的，处 3 年以上 10 年以下有期徒刑；情节恶劣的，强奸多人的，在公共场所当众强奸的，2 人以上轮奸的，致使被害人重伤、死亡或者造成其他严重后果的，处 10 年以上有期徒刑、无期徒刑或者死刑。

⑨ 只想赚点零花钱　看守赌场也犯罪

★**案情回放**：18 岁的张学友因患有肾结石，休学在家。他的母亲为了筹集治疗费用，开了一间小商店，暗设赌场，每天吸引 20 多名人员赌博，一局下来下注金额有 200 多元。张学友就在小店帮忙看赌场，收取"抽头"。警方查明，张学友经手收的"抽头"达 5000 多元。此案在少年法庭开庭，法院判决张学友赌博罪成立，判处拘役 6 个月，缓刑 6 个月。

🦔**法妹红霞**：法官本着"拯救为主，惩罚为辅"的宗旨，考虑张学友犯罪时不满 18 周岁，是初犯、偶犯，因此从轻判处。

🐷**检姐白雪**：在预防孩子违法犯罪的过程中，家长的教育作用是巨大的。上梁不正下梁歪，帮助家长提高自身素质，增强管理、教育子女的责任心和能力等，应成为我国保护未成年人健康成长、预防违法犯罪工作的一个重要内容。

小 Tip

赌博罪，是指以营利为目的，聚众赌博或者以赌博为业的行为。根据我国《刑法》第303条规定，以营利为目的，聚众赌博或者以赌博为业的，处3年以下有期徒刑、拘役或者管制，并处罚金。开设赌场的，处3年以下有期徒刑、拘役或者管制，并处罚金；情节严重的，处3年以上10年以下有期徒刑，并处罚金。

⑩ 盗空调铜管只卖得 200 来元 为何被重判 6 个月

★**案情回放**：16 岁的少年谢霆方盗走空调外机内的铜管，销赃后获赃款 200 余元。经价格认证，被谢霆方毁坏的空调共计价值人民币 8071 元。案发后，谢霆方的父母赔偿了受害单位全部经济损失。法院审理后认为，为实施盗窃，谢霆方故意毁坏公私财物，且数额较大，其行为已构成故意毁坏财物罪。鉴于其犯罪时未成年，犯罪后又积极赔偿了经济损失，依法从轻处罚。故依照刑法的相关规定，法院以故意毁坏财物罪，判处其有期徒刑 6 个月。

🐷**检姐白雪**：谢霆方的经历，让我想到了几个类似的案例：一个是盗窃了总价值 900 多元的 5 块窨井盖的两名小偷，被法院以危害公共安全罪判处 3 年有期徒刑。还有一个是专门盗取汽车牌照的小偷，盗取车牌 19 副，向受害车主敲诈索要钱财，共得款 2000 余元，被认定为盗窃国家机关证件罪。谢霆方的父母认为，儿子盗窃金额较低，达不到盗窃罪，这种想法是错误的。以上三个案件，虽然他们盗窃的数额轻微，但犯罪行为后果严重，这就是这三人被处重刑的原因。有时，一个看起来不经眼的小行为，也可能会酿成严重后果。

小 Tip

故意毁坏财物罪，是指故意毁灭或者损坏公私财物，数额较大或者有其他严重情节的行为。根据我国法律规定，故意毁坏公私财物，数额较大或者有其他严重情节的，处 3 年以下有期徒刑、拘役或者罚金；数额巨大或者有其他特别严重情节的，处 3 年以上 7 年以下有期徒刑。

⑪ 网络口角成了聚众斗殴的"导火线"

★案情回放：孟非和李渊在网上聊天，但对方讲话口气十分冲人，言辞开始变得激烈，充满了火药味，年少气盛的他们觉得网络上的谩骂不解气，又将争吵转移到手机，电话里的对骂直线升温，最终决定对决。下了战书，双方分头开始召集人马，为了不让自己吃亏，各自寻找能利用的武器，孟非、李渊等人带着铁管，对方携带刀具，气势汹汹地来到约定地点，一场网络上的口角立刻演变成多人参与的斗殴，棒打、追砍、厮杀愈演愈烈，在这场斗殴中孟非和李渊均被砍伤。法院以聚众斗殴罪判处孟非有期徒刑三年六个月，其余几人分别被判处缓刑。

警察忠告：聚众斗殴是最严重的一种流氓行为。本案是一起因为网络聊天而引发口角，却最终酿成用武力决斗的方式来一决雌雄的恶性暴力案件。案件中的被告人都是朝气蓬勃、风华正茂的年轻人，但却年轻气盛，碰到冲突和矛盾时，视法律于不顾，以暴制暴，他们错误地认为武力可以解决一切事情，甚至可以化解矛盾，视"暴力"为"勇敢"，可见他们心智的不成熟。作为年轻一代，应把知法、懂法、守法放在重要的位置，作为人生路上的一堂重要的必修课。

🐷检姐白雪：在网络上聊天虽然不是与对方面对面直接交流，但是依然要注意言语文明。网络虽是虚拟的，但仍需要营造一个文明的聊天环境，这样才能让人感到愉悦，也能减少矛盾的产生。

🐟法援兄陈维权：俗话说"忍一时风平浪静，退一步海阔天空"。我们不是圣人，双方之间发生了矛盾，不可能不生气、不难受，但这对于已经发生的事情并没有任何帮助。这时候，调节好自己的心态，让自己的心归于平静，才能避免双方之间矛盾的激化，也避免给自己以后的人生造成更大的损失。本案中尽管挑起打架之一的孟非在"打群架"的过程中反被人砍了数刀且伤势较重，但孟非是本次血案发生的罪魁祸首之一，行为符合聚众斗殴罪要追究首要分子或者积极参与者的责任，尽管其本身是本次血案的受害者，也是一种咎由自取的行为，而且必须给予更为严厉的刑事制裁。

小 Tip

聚众斗殴罪是指为了报私仇、争霸一方或者其他不正当目的，纠集多人成帮结伙地互相进行斗殴的行为。根据我国《刑法》第292条规定，参与聚众斗殴，对首要分子和其他积极参加者，处3年以下有期徒刑、拘役或者管制；有下列情形之一的，对首要分子和其他积极参加的，处3年以上10年以下有期徒刑：（一）多次聚众斗殴的；（二）聚众斗殴人数多，规模大，社会影响恶劣的；（三）在公共场所或者交通要道聚众斗殴，造成社会秩序严重混乱的；（四）持械聚众斗殴的。

⑫ 为女友找人"对冲" 顾脸面触犯法律

★**案情回放**：郭纲是一所职业学校的学生，有一个女朋友佩佩，两人经常在一起，感情不错。一天下午，张白等4个年轻人到学校找佩佩聊天，佩佩的一个同学悄悄告诉郭纲有人在追佩佩。得知这一情况，郭火冒三丈，向佩佩要了对方的电话号码，要找对方在市政广场"对冲"，张白也不甘示弱，爽快地答应了。随后，郭纲叫来十来个人帮其打架，并准备了铁棍和刀具。十几个人浩浩荡荡地到了市政广场，发现对方正有七八个人在那里等候，郭发现其中一个好像就是下午来学校找佩佩的人，就带头迅速冲了过去，对方立即四处逃散，只剩下一个人还在原地未及时逃跑，郭等人便对其大打出手，其中一个社会青年还掏出匕首在其后背腰部刺了几刀，打得对方浑身是血，不能动弹。后查明，这些人就是张白纠集过来打架的人，那名被打伤的小伙子就是其中一个出于朋友义气，过来打架助威的。幸运的是，经鉴定，那小伙子的几处伤均为轻微伤。当天晚上，郭、李几人就被公安机关抓获归案。张白的朋友陈斯交代："我们也不想打架的，张白只是看到佩佩比较喜欢，让我介绍认识，我就把佩佩介绍给他认识了，我们当时在学校食堂边上聊天，刚好被佩佩男朋友看到了，她的男朋友不高兴了。我们离开后，佩佩的男朋友却打电话给我，约我对冲，我们都是年轻人，也有火气，既然对方这么约我们对冲，我们也不能示弱就答应对方对冲了。""对冲"的结果，是郭、张、陈三人均因犯聚众斗殴罪被法院判处有期徒刑一年六个月，缓刑二年。

警弟忠强：这是一场本可避免的刑事案件。正因为他们年轻气盛，鲁莽冲动，争强好胜，爱面子，才导致了本案的发生，若双方都持械对打，后果将不堪设想。这类案件的发生不仅严重影响校园安全和社会秩序，也容易使得一些出于哥们儿义气而参加打架的学生遭受身体的严重伤害，甚至出现死亡。为防止类似案件的再次发生，社会各界必须加强对未成年学生的恋爱观教育和法制教育，引导他们以一种健康的方式处理男生与女生的关系。家长、老师也应帮助学生正确处理青春期的恋爱问题，多多引导他们树立正确的人生观、价值观。学生自身也要注重培养高尚的思想品质和良好的道德情操，要明白以这种低俗暴力的方式来解决问题是最不可取的，不但赢不回所谓的面子，争不回所谓的"女友"，而且还丢了学业，毁了前途，甚至付出失去人身自由的惨重代价。

小 Tip

聚众斗殴罪是指为了报私仇、争霸一方或者其他不正当目的，纠集多人成帮结伙地互相进行斗殴的行为。根据我国《刑法》第292条规定，参与聚众斗殴，对首要分子和其他积极参加者，处3年以下有期徒刑、拘役或者管制；有下列情形之一的，对首要分子和其他积极参加的，处3年以上10年以下有期徒刑：（一）多次聚众斗殴的；（二）聚众斗殴人数多，规模大，社会影响恶劣的；（三）在公共场所或者交通要道聚众斗殴，造成社会秩序严重混乱的；（四）持械聚众斗殴的。

⑬ 砸路灯时轻松，付出代价惨重

★**案情回放：** 凌晨4时许，17岁的王军和16岁的小东两人喝过酒后行至公园附近，躺在长椅上休息。小东被景观灯的灯光弄醒了，喊："睡觉怎么不关灯？"抓起一块石头扔向灯泡，"哗啦"一声，灯泡碎了。王军抓起旁边支撑树木的木棒，"乒乒乒乒"地砸起了灯泡，转眼间，7个灯泡被砸碎了，玻璃破碎的声音传出很远。几分钟内两人砸烂了34个灯泡、11只灯罩！就在两人发飙时，一名晨练群众打电话报了警。几分钟后，警车呼啸而至，将两人抓获，并以涉嫌寻衅滋事罪将两人刑事拘留。

警弟支强： 寻衅滋事犯罪多发生在公共场所（也有一些发生在偏僻隐蔽的地方），常常给公民的人身、人格或公私财产造成损害。本案中，两名少年酒后无端损坏路灯的行为系情节严重的、在公共场所损坏公共财物的行为，和一般意义的损坏公私财物的犯罪行为相比，性质更恶劣，因此，警方将其定性为寻衅滋事。

小 Tip

寻衅滋事罪，是指肆意挑衅，随意殴打、骚扰他人或任意损毁、占用公私财物，或者在公共场所起哄闹事，严重破坏社会秩序的行为。根据我国《刑法》第293条规定：有下列寻衅滋事行为之一，破坏社会秩序的，处5年以下有期徒刑、拘役或者管制：（一）随意殴打他人，情节恶劣的；（二）追逐、拦截、辱骂、恐吓他人，情节恶劣的；（三）强拿硬要或者任意损毁、占用公私财物，情节严重的；（四）在公共场所起哄闹事，造成公共场所秩序严重混乱的。纠集他人多次实施前款行为，严重破坏社会秩序的，处5年以上10年以下有期徒刑，可以并处罚金。

⑭ 高速路扔石块的后果

★**案情回放**：一天晚上，一辆在高速公路上疾驰的轿车突然被一块从高速天桥上扔下的石块击中，石块穿过挡风玻璃，砸中母亲怀抱中的婴儿，婴儿经抢救无效身亡。经调查，距案发现场不远的某中学的初三学生谢小军等三人当晚从自习课上溜出，至事发天桥，分别用碎砖头和石头击打国道桥下来往的车辆。谢小军用一块好几斤重的石块砸车，正好砸中了那辆轿车的挡风玻璃，导致悲剧的发生。警方以以危险方法危害公共安全致人死亡罪对其依法逮捕。

🐬**法妹红霞**：以危险方法危害公共安全的犯罪，是一个独立的罪名。法律在明确列举放火、决水、爆炸、投毒等四种常见的危险方法的同时，对其他不常见的危险方法作一概括性的规定，有利于运用刑法武器同各种形式的危害公共安全的犯罪作斗争，保卫社会公共安全。如有的小孩喜欢扔石子玩，甚至用石子掷向过往的火车、汽车。他们不知道这一块石子对高速运行的火车、汽车会造成怎样的危害。如果危及到他人的生命安全，这就是一种犯罪。

小 Tip

　　以危险方法危害公共安全罪，是指故意以放火、决水、爆炸、投毒以外的并与之相当的危险方法，足以危害公共安全的行为。根据我国《刑法》第 114 条和第 115 条的规定，以危险方法危害公共安全，尚未造成严重后果的，处 3 年以上 10 年以下有期徒刑；致人重伤、死亡或者使公私财产遭受重大损失的，处 10 年以上有期徒刑、无期徒刑或者死刑。

⑮ 本想要回自己的钱,却犯了非法拘禁罪

★**案情回放**:彭民是一名未成年人,单独租了间房子居住。一次偶然的机会,彭民认识了朋友席容。在得知席容没有工作、身上钱也不多的情况下,彭民出于一片好心把席容接到自己租来的出租房一起居住。席容趁彭民还在熟睡偷走了彭民704元现金和身份证。无奈之下,彭民找来自己的两个朋友帮忙。三人强行将席容抓住并带至彭民的出租房内,要挟席容打电话让其父亲筹还2000元现金。法院认为彭民三人非法拘禁他人,其行为均已构成非法拘禁罪,法院判处三名被告人犯非法拘禁罪。

法援兄陈维权:俗话说:欠债还钱,天经地义,可在现实生活中,有很多人因为债务等问题而采用非法拘禁的方式来逼迫对方解决问题,有的甚至还造成被非法拘禁人的人身伤害。其实这是最不明智的举动,尽管讨债有着足够的理由,但

也要依法办事，不能感情用事，仅凭一时的冲动，做出法律不允许的事情来，这样就得不偿失了。

小 Tip

　　非法拘禁罪，是指以拘押、禁闭或者其他强制方法，非法剥夺他人人身自由的行为。公民的身体自由，是公民正常工作、生产、生活和学习的保证，失去身体自由，就失去了从事一切正常活动的可能。为索取债务非法扣押、拘禁他人的，按非法拘禁罪定罪处罚。根据我国《刑法》规定，非法拘禁他人或者以其他方法非法剥夺他人人身自由的，处3年以下有期徒刑、拘役、管制或者剥夺政治权利。具有殴打、侮辱情节的，从重处罚。致人重伤的，处3年以上10年以下有期徒刑；致人死亡的，处10年以上有期徒刑。

⑯ 11 岁男童被绑，绑匪竟然也是少年

★**案情回放**：2010 年 11 月 1 日下午 5 点多，男童小刚迟迟没有回家。晚上 7 点，有人给小刚爸爸打电话："你儿子小刚在我手上，准备 20 万元吧。"刚过 5 分钟，电话再次响起，对方追问："钱准备得怎么样了？"经过一番讨价还价，晚上 8 点多，绑匪最终放宽条件，同意让小刚的爸爸先准备 6 万元。"钱得在晚上 10 点前准备好，如果过了，每过 5 分钟，就断孩子一根手指！"绑匪威胁称。次日凌晨 5 点多，一夜没睡的小刚的爸爸再次接到电话，对方同意他只给 4.9 万元的要求。反复更换交易地点后，小刚的爸爸在公路边一座废旧的房屋旁见到了绑匪，将钱交给对方后不到半小时，小刚获释回到了家。王某因涉嫌绑架罪、盗窃罪被法院一审判处有期徒刑 8 年 6 个月。

🐷 **法妹红霞**：在现实生活中，行为人常常以危害被害者相威胁，迫使其家属交付赎金；在绑架过程中，被害人往往受虐待、重伤甚至惨遭杀害，危害甚大。这种犯罪在旧社会甚为猖

獗，新中国成立后已经绝迹，但近年来又重新出现，并有发展的趋势，对社会的危害不可轻估。为了有力惩治这种犯罪，刑法将绑架行为单立为罪名。犯罪对象是"他人"。"他人"既包括妇女、儿童，也包括妇女、儿童以外的人。90后少年王某，伙同比自己年长许多的"哥们儿"，绑架11岁男童索要20万元赎金，属于比较典型的绑架犯罪。警方介入调查后，11月1日、2日，王某等3人陆续被抓获。让人惊讶的是，王某是一名出生在1990年的少年。经过调查，王某交代，他和自己的两个20多岁的同伙是在网吧里玩的时候认识的，后来成了哥们儿。3人觉得经营超市的人肯定有钱，于是决定绑架小刚向其父要钱。除此之外，王某还主动交代，他还曾伙同他人趁夜在大兴西红门镇某村实施过一起入室盗窃案，偷走了笔记本电脑等财物价值4600元。王某因涉嫌绑架罪、盗窃罪，法院对其进行了数罪并罚。

小 Tip

　　绑架罪，是指以勒索财物或者其他目的，使用暴力、胁迫或者其他方法，绑架他人的行为。或者绑架他人作为人质的行为。依照《刑法》第239条第1款的规定，构成犯罪的，处10年以上有期徒刑或者无期徒刑，并处罚金或者没收财产；情节较轻的，处5年以上10年以下有期徒刑，并处罚金。致使被绑架人死亡或者杀害被绑架人的，处死刑，并处没收财产。

⑰ 没有偷到一分钱，照样被判刑

★**案情回放**：伍子杰伙同一名自称"张狗儿"的中年男子，携带撬棍等作案工具入室盗窃，"张狗儿"负责撬门，伍子杰在门口望风。撬开房门入室后，两人四处寻找财物，被正在家中睡觉的主人发现，伍、张二人随即仓皇逃跑，伍子杰逃到街上被群众抓获。入室盗窃未遂的伍子杰，被检察院以非法侵入他人住宅罪提起公诉，被法院判处有期徒刑1年。

🐤**检姐白雪**：伍子杰没有偷到一分钱，照样被判刑，这是为什么？因为伍子杰进入私人住宅盗窃，即入室盗窃。入室盗窃在被发现或其他情况下，容易转化成入户抢劫、强奸、故意伤害甚至故意杀人犯罪，其社会危害性明显大于一般的盗窃行为。进入私人住宅，需经户主同意或在法律允许的情况下才可

· 41 ·

以。就本案来讲，伍子杰未取得任何财物，以盗窃罪很难对其处以刑罚。但伍的行为确实给住户带来极大恐慌，行为也比较恶劣，所以以非法侵入住宅罪对其定罪量刑。

小 Tip

　　非法侵入住宅罪，是指违背住宅内成员的意愿或无法律依据，进入公民住宅，或进入公民住宅后经要求退出而拒不退出的行为。根据《刑法》第 245 条规定，非法搜查他人身体、住宅，或者非法侵入他人住宅的，处 3 年以下有期徒刑或者拘役。

⑱ 高明"黑客"也逃脱不了法律的制裁

★**案情回放**：陶某向网民购买了一套木马程序，利用这一盗号木马获取到网民张某在"通吃"游戏中的用户名及密码等信息。随后，陶某利用对方下线的机会，冒用张某的用户名及密码登录张的"通吃"游戏系统，将张某此账号内的约60亿"扎啤"（游戏道具）以故意输掉的方式变卖给买家方某，从中获利189800元人民币，经鉴定，60亿"扎啤"价值人民币33万元。法院认为，被告人陶某为谋取经济利益，违反国家有关计算机信息系统安全保护制度，利用木马程序非法获取计算机信息系统数据进行倒卖，获利189800元，造成他人损失330000元，情节严重，其行为已构成非法获取计算机信息系统数据罪。鉴于被告人陶某归案后的认罪态度较好，且其家属已为其退出赃款189800元，可酌情从轻处罚，综合被告人陶某的犯罪情节、认罪态度及悔罪表现，对其可适用缓刑。法院以非法获取计算机信息系统数据罪判处被告人陶某有期徒刑

1 年 6 个月，缓刑 2 年，并处罚金 100000 元；违法所得 189800 元，予以追缴，退赔被害人张某。

法妹红霞：有的人羡慕"黑客"，一会儿袭击这个网站，一会儿攻击那个系统，以突破别人的防线为荣，为破译他人的密码而喜。有的人动起歪点子，通过计算机弄钱，以为神不知鬼不觉，没想到虚拟财产也是受法律保护的，这样做也会触犯法律。案中的"黑客"为了谋取个人经济利益，利用木马程序非法获取他人计算机数据进行倒卖，获利近 20 万元，却给他人造成 33 万元的损失，最终获罪、退赔又被罚金。

小 Tip

　　非法获取计算机信息系统数据罪是指违反国家规定，侵入国家事务、国防建设、尖端科学技术领域以外的计算机信息系统或者采用其他技术手段，获取该计算机信息系统中存储、处理或者传输的数据，情节严重的行为。根据我国《刑法》第285条第2款规定：违反国家规定，侵入前款规定以外的计算机信息系统或者采用其他技术手段，获取该计算机信息系统中存储、处理或者传输的数据，或者对该计算机信息系统实施非法控制，情节严重的，处3年以下有期徒刑或者拘役，并处或者单处罚金；情节特别严重的，处3年以上7年以下有期徒刑，并处罚金。

⑲ 小天取卡后退钱自首被法律宽大处理

★**案情回放**：小天去银行 ATM 机取款，轮到他时，他惊讶地发现前面的人居然忘了取银行卡。小天没有马上喊回没有走远的失主，而是熟悉地操作起 ATM 机，查了一下里面居然有 7000 多元的余额。小天不动声色地将 7000 元取了出来，离开了银行。7000 元钱不是一个小数目，小天没敢花一分钱，几次到银行门口观察情况。一个星期以后，心理压力巨大的小天到公安机关投案，退赔了全部赃款。因为小天不满 18 周岁，又有自首情节并积极退赔赃款，被判犯信用卡诈骗罪，免予刑事处罚。

🎓 **警弟支招**：这起诈骗案的起因是银行卡主人在 ATM 机上取款后未将卡退出而引发的。一些人捡到他人信用卡，以为是"捡捡货，不罪过"，捡到的东西就是自己的。根据《刑法》

有关规定，在拾到他人信用卡（包括银行卡），并在自动柜员机上使用的行为，构成犯罪的，将会被以信用卡诈骗罪追究刑事责任。如在 ATM 机上发现他人信用卡，应及时交还银行卡，或者交给相应的银行，或者交给公安机关，切勿抱有侥幸心理，随意使用，否则极有可能触犯法律。

㉒ 信用卡透支成瘾成了犯罪

★**案情回放**：小陈听说银行信用卡可以透支，手头紧张的他就想着从银行弄点钱先把债还了。在不到半年时间内，他利用骗来的 10 多张他人身份证复印件，办理了 14 张信用卡。有了银行透支提现的钱，小陈小日子一下子过得舒坦起来。曾被小陈借走身份证的人陆续收到数额不小的银行对账单，大伙慌了，忙去报案。小陈的如意算盘也暴露了，银行多次催讨，但透支款项已全部挥霍掉，他根本没有能力偿还。结果，小陈因涉嫌信用卡诈骗罪被检察院依法批准逮捕。

🐷**法妹红霞**：透支消费是当下流行的消费方式，透支后要还款谁都懂，但本案中的小陈却想把银行的钱占为己有，透支后一次也没还，在各家银行累积本息达 20 多万元。小陈的行为就属于典型的恶意透支，在没有经过朋友允许的情况下还透支他人信用卡，且透支额度较大，已构成严重的信用卡诈骗罪。信用卡的透支性，可以先透支后还款，这在一定程度上使得一些人心理上放松，刷卡成瘾，在不知不觉中形成了恶意透支。当前有很多青少年正在使用自己办理或家人替其办理的信用卡，一定要合理进行消费，千万别透支了未来的信用。

小 Tip

　　信用卡诈骗罪是指以非法占有为目的，违反信用卡管理法规，利用信用卡进行诈骗活动，骗取财物数额较大的行为。根据我国《刑法》第 196 条规定，构成信用卡诈骗罪的，处 5 年以下有期徒刑或者拘役，并处 2 万元以上 20 万元以下罚金；数额巨大或者有其他严重情节的，处 5 年以上 10 年以下有期徒刑，并处 5 万元以上 50 万元以下罚金；数额特别巨大或者有其他特别严重情节的，处 10 年以上有期徒刑或者无期徒刑，并处 5 万元以上 50 万元以下罚金或者没收财产。

21 遇到事情不冷静　车祸变成杀人案

★**案情回放**：2010 年 10 月 20 日 22 时 30 分许，西安音乐学院学生药家鑫驾驶轿车从西安外国语大学长安校区返回市区途中，将前方在非机动车道上骑电动车同方向行驶的张妙撞倒。药家鑫恐张妙记住车牌号找其麻烦，即持尖刀在张妙胸、腹、背等处捅刺数刀，将张妙杀死。2011 年 4 月 22 日，西安市中级人民法院对被告人药家鑫故意杀人案作出一审判决，以故意杀人罪判处药家鑫死刑，剥夺政治权利终身，并处赔偿被害人家属经济损失 45498.5 元。2011 年 5 月 20 日，陕西省高级人民法院对被告人药家鑫故意杀人一案进行了二审公开开庭审理并宣判，依法裁定驳回药家鑫上诉，维持原判。

警弟支强：药家鑫开车将被害人张妙撞倒后，不予施救，反而杀人灭口，犯罪动机极其卑劣，情节特别恶劣，"怕撞到农村的人，特别难缠，要付巨额医药费。"药家鑫交代杀人动机。进看守所的当天夜里他彻夜未眠，头发在一夜之间变白。

法援兄陈维权：假如药家鑫在撞人后没有逃逸，更没有采用任何的过激行为，构不成"交通肇事罪"，也就是说，他不用负任何的刑事责任。从情节来看，张妙被车撞倒在地之时，眼睛还睁着，只是左腿骨折、后脑磕伤，充其量是个轻伤，有绝对的时间进行抢救。药当时应该做的当然是报警并救助伤员，并且保险公司也会在规定范围内支付赔偿。

法妹红霞：当审判长宣读最高人民法院死刑执行令后，在场有人问药家鑫："如果事情可以从头再来的话，你会怎么去做？"他思考片刻答道："说什么都无意义了。给受害人家庭造成的伤痕是永远抹不去的疤，也许我的死不能让她活过来，可是现在除了我的死我还能给她以及她的家人什么？都是无济于事的……"可见药还是一个头脑清醒的年轻人。而从清醒的自由人到罪犯，很多时候仅仅一步之遥。此案留给人们的教训实在太深了！

小 Tip

故意杀人，是指故意非法剥夺他人生命的行为。属于侵犯公民人身权利、民主权利罪的一种。是我国《刑法》中性质最恶劣的少数犯罪之一。必须从重从快严惩。我国《刑法》第232条规定：故意杀人的，处死刑、无期徒刑或者10年以上有期徒刑；情节较轻的，处3年以上10年以下有期徒刑。

22 "仇富"嫉火把自己烧进了班房

★**案情回放**：初中未毕业的黄林长得高高大大，帅气英俊，却因为学历不高，只能在一家私人模具厂做小工，每月只有几千元工资。简单乏味的工作，让黄林心存抱怨：老板每天开好车，坐办公室，吃酒店，赚钱这么容易，我每天辛辛苦苦干活，却赚不到多少钱。于是，他越来越看老板不顺眼，也越来越痛恨老板。这一压抑已久的"仇富"心理终于让黄林作出了一个疯狂的决定，他要在厂子放火来吓唬吓唬老板，发泄自己心中压抑许久的不满。一天晚上，黄林出去买了一个打火机。回到车间，看到只有同事杨健在，便把自己的想法告诉他。杨健听后吓了一跳，推脱说不敢。"有什么好怕的，你帮我看一下，没人看见就好。"黄林说。杨健同意帮忙望风，黄林就将点燃的塑料纸向堆着纸板的墙角扔去。不久，回到宿舍的黄林特地打电话问杨健有没有着火，杨健说，火已经着起来，火势挺大，十几个人正在灭火。警方侦查后，很快将目标锁定黄林。经讯问，黄林承认了所有事实。

警弟志强：当时我正好参与办理了这起放火案，对黄林印象很深刻，因为黄林身材高大，长相英俊，同时也是一个内向的人，不善交流，个性比较偏执。他16岁初中辍学后便一直在做模具。说起放火的原因，黄林直言不讳："我对老板这么有钱一直不满，就想放火吓唬他。"黄林说，老板是个瘸子，个子又这么小，平时开保时捷，坐在车里人都看不到，他这么有钱，自己却赚不到钱，心里有点不平衡。正是这种不正常的"仇富"心理害了黄林。

法妹红霞：黄林最后被判处有期徒刑4年，而帮忙望风的杨健，以为自己只是参与了一个恶作剧，却没想到也成为放火罪的共犯，被判了有期徒刑2年6个月。看来，朋友义气不能无界限，违背伦理道德的忙真不能帮！

检姐白雪：市场经济大潮中，出现了贫富差距。少数人无法正视这种差距，在内心表现为一种"仇富心理"的偏激化，即用非理性的方式向富者表达愤慨，向社会发泄仇富的愤怒情绪。本案中的被告人黄林，他将自己生活的辛苦、郁闷、烦躁，转嫁到对老板财富的嫉恨上来，甚至将财富拥有的多少和身材的高大与否画等号，这非常可笑。他多次通过非理性的方式宣泄心中的不满，最终走上犯罪道路，这又非常愚蠢。仇富心理本身并无好坏，关键看你如何理解它、化解它，有些人能很好地激励自己，定下目标，好好努力，获得成功；有些人则悲鸣社会不公，暗自消沉，甚至违法犯罪。随着市场经济制度化和法制化进程的加速，现代人更应该能够以一种理性、包容、全面的心态来对待合理的收入差距。

法援兄陈维权：早几年，在日本发生了一起惨案，一名非正式工面临裁员压力，为报复社会，捅死7人，刺伤10人。杀人嫌犯加藤智大，自认是社会的失败者，认为身边的人都是

"社会的胜者"，杀死他们是应该的，这正是一种将仇富心理正当化的极端行为。仇富，实际上是一种对自己能力的消极评价。

小Tip

　　放火罪，是指故意放火焚烧公私财物，危害公共安全的行为。放火行为一经实施，就可能造成不特定多数人的伤亡或者使不特定的公私财产遭受难以预料的重大损失。我国刑法规定，犯放火罪的尚未造成严重后果的，处3年以上10年以下有期徒刑；致人重伤、死亡或使公私财产遭受重大损失的，处10年以上有期徒刑、无期徒刑或死刑。

　　（本节案例提供者：椒江区人民检察院卢洁；黄岩区人民检察院陈静、彭红鹏；路桥区人民检察院张萍、阮莹；临海市人民检察院邵圣宇、黄晶晶；温岭市人民检察院赵静、王奔、金青；玉环县人民检察院徐灵芝等）

《青春法律防线》之

——防人之心不可无

青春法律防线形象设计——警弟志强　　　　青春法律防线形象设计——褚建新

嘉　宾：

褚建新检察官，浙江省人民检察院正处级检察员，最高人民检察院首批检察业务专家，发表专业论文 60 余篇，撰写《变色的银针》一书由科学出版社出版。

警弟志强开场话

中国有句古话："害人之心不可有，防人之心不可无！"在当前总体社会治安状况比较严峻的情况下，如何提高人们的防范意识，广泛持久地提高广大公民特别是青少年朋友的防范意识，显得尤为重要和紧迫。本节我们重点探讨被害预防知识。被害预防知识是人们日常生活的经验总结，有些是用鲜血甚至生命换取的教训，在灾难发生时，或许会增加你生存几率或减少伤害！今天，我们还特邀了长期从事法医毒化和微量物证的检验鉴定和研究工作专家作为嘉宾参与讨论。

❶ 遇到不法侵害时，如何保护自己

★**陷阱回放**：有个女生一个人租住在一个比较老旧的小区，被歹徒盯了一个多月。一天夜里两点歹徒用钥匙打开她的家门，把她掐醒、蒙上双眼、索要钱财。她一直合作，冷静而机智地与歹徒周旋，凌晨四点歹徒把她绑起来说是要出去联系买主把她的车卖了。这个女生在半小时后确认歹徒已经离开，挣扎着松绑、报警、给自己的弟弟打电话，然后吓呆了的她在家里等待警方支援（这是她的致命失误!）谁知歹徒又回来了，两人在客厅面对面撞上了!

歹徒惊慌失措，气急败坏质问她是否报警，她极力否认说只是给家人打了个电话搪塞过去。突然电话铃响了，她接，是110 的确认电话。这个女生仍冷静机智，说"妈妈，我没事我平安到家了"。谁知110 警察反问道："你刚才是不是报警了? 我们确认一下!"女生重复说妈妈我没事，你放心吧，把电话挂掉! 歹徒已经起疑，女生陷入生死境地! 歹徒按下电话持刀丧心病狂地朝她猛扎。这个女生先还反抗，后来只能装死，直到歹徒离去。三分钟后，警察赶到。

警弟志强：这里说明第一时间报警是重要的。如何学会报警，其中有很多技窍，特别是当生命遭到暴力威胁，或当财产受到不法侵害，或遇到危难和灾害事故需要帮助时，可以拨打"110"报警求助。"110"报警电话24小时开通。按照规定，警方在接到"110"报警求助电话后，最迟不会超过8分钟到达现场。

法援兄陈维权：要牢记"生命第一，财产第二"的防范原则。在面对抢劫犯罪侵害时，在敌强我弱的情况下，可以放弃财产而保全自己的性命。比如，你的自行车被别人抢走了怎么办，不要去跟他斗；你手里拿着一个包，犯罪分子拎过去了怎么办？还是不要去和他斗。否则的话，犯罪分子一拳就会打得你四颗门牙全没了。你说说看，你父母是要你这个车、这个包，还是要你的四颗门牙。实践证明，在敌强我弱的情况下，鲁莽从事，硬拼硬干，可能会导致无畏的牺牲。选择"拼命反抗，大声呼救"，极易激怒犯罪分子，令其萌生杀心。这时你要做的就是镇静，注意观察作案人，尽量准确记下他的特征，如身高、年龄、体态、发型、衣着、胡须、语言、行为等特征。

检姐白雪：在防范犯罪侵害时，要审时度势，见机行事，甚至可以打破常规，保全自己的生命。例如，在与犯罪分子周旋和斗争中，可以欺骗、说谎，甚至可以毁坏财物。中国古代司马光打破水缸救人就是一个极好的例子。这里所说的欺骗、说谎，是告诉大家面对坏人，在不利的情况下要巧妙周旋，可故意张扬自己有亲友或同学已经出现或就在附近，用虚张声势来迷惑对方，用勇敢加机智来对付侵害，摆脱危险。逃生要向人多的地方跑。平时要注意熟悉学校及住家周边的环境，记住派出所、商场、超市、机关单位等所在位置。遇到危险时，要向人多的地方跑，向大型超市跑、向光亮的地方跑；不要向黑暗处跑，更不要向死胡同跑，不要往电话亭内跑，以防犯罪分子把自己堵在里边。

警弟定强：同学们如果被捆绑时，两手被捆在了后头，不仅不容易解脱，而且非常痛苦。这时，大家记住一定要央求对方捆在前面。被捆时手要绷紧，这样即使对方捆得再结实，他走后，你的肌肉一放松，这个扣马上就能松开。当学生遇到安全方面的问题时，不论人身是否受到伤害，也不管被抢走多少钱物，都应当及时告诉家长或老师，并向公安机关报案。报案的目的是通过法律保护自己，为公安机关提供破案的线索，以利于及时抓获犯罪嫌疑人，打击犯罪，震慑不法分子的嚣张气焰。如果不报案，势必助长不法分子的气焰，使他们有恃无恐，以致发生连续侵害你和他人的犯罪行为。还要提醒大家注意，遇到安全方面的问题时，应及时告诉家长或老师，因为他们是我们最信赖的人，切不可告诉外人，以免被坏人利用。

别怪我多嘴：先不要蛮斗，如果他们要你的东西就给他，这个时候你要努力记住他们的特征，然后等他们离去后就迅速报警。

小结提示

自救时，请青少年朋友们注意以下事项：一是要把握时间，适时地采取必要措施；二是采取的自救措施要对保护自我有利，不能采取对自己生命安全不利举措；三是碰到保护自己和保护自己财产的两难选择时，应把保护生命的措施放在首位；四是在自己的力量难以战胜加害人的时候，尽量采取缓和措施，不要轻易使用具有强刺激性的语言和行为；五是当有可能求助他人时，不要错过求救的机会和可能性；六是被害后，要记住加害人的面部特征和外表主要特征，并立即拨打"110"报警及时捉拿罪犯。

❷ 途中遇到抢夺或抢劫犯罪怎样应对

★**陷阱回放**：某校一男一女两名学生正在一僻静的树林中漫步，突然，一群小混混围上来要强行搜身。当时，女生吓得直发抖，男生则镇定自若，掏出香烟、打火机和身边的数百元钱，假说自己也是同道上混的，愿意和他们交个朋友。小混混一见他那么"爽快"，也没有过多地为难他们，拿了钱便扬长而去了。等他们走了一段距离以后，男生急忙叫女生去报案，自己却悄悄跟在小混混后面。不久，有说有笑正在分享"战果"的小混混，便全部被警察抓获了。

🐷**法妹红霞**：这位男生临危不惧、处事不慌、随机应变、巧转话题、化险为夷，既保护了自己又捉拿了罪犯，可谓有勇有谋。我们审理很多这类案件后发现如果能积极应对，是可以转危为安的。因此，万一遭遇抢劫、抢夺时，在校学生应当保持精神上的镇定，根据所处的环境，对比双方的力量，针对不同的情况采取不同的对策。

警弟支强: 抢劫罪和抢夺罪合称为"两抢"犯罪。其中抢劫犯罪危害人身和财产,性质严重。抢夺罪是指以非法占有为目的,乘人不备,公然夺取数额较大的公私财产的行为。遭遇抢劫时,保持冷静,既不要胆小怕事,也不要跪地求饶,而应该随机应变,积极应对。以下方法值得仿效:

1. 正当防卫。案发时要在保证自身安全的情况下尽力反抗,分析犯罪分子和自己的力量对比,只要具备反抗的能力或时机有利,就应发动进攻,以制服或使作案人丧失继续作案的心理和能力。大家知道手肘是身体最有力的部位。距离够近,就善用手肘!可利用有利地形和利用身边的砖头、木棒等足以自卫的武器与作案人形成僵持局面,使作案人短时间内无法近身,以便引来援助者并对作案人造成心理上的压力。在条件允许的情况下,可以实施法律赋予的正当防卫权利。即当人身安全遭受暴力犯罪侵害时,造成不法分子伤亡的,不负刑事责任。

2. 与作案人尽量纠缠。假如歹徒向你要皮夹或钱包,不要递给他,而是将皮夹或钱包往远处丢去。歹徒很可能对财物比对你有兴趣,他会去拿皮夹或钱包,这是你逃跑的机会,但必须往钱包相反的方向跑。

3. 寻机逃跑。实在无法与作案人抗衡时,可以看准时机向有人、有灯光的地方或宿舍区奔跑。往人多的地方跑。当你跑不了,你的牙齿是武器,你的钢笔也是武器,把你的手表脱下来,套在拳面上也是武器,如果你有手机,这也是一个很好的武器,但是绝对不能当做砖块扔出去,要紧握在手,充分地利用。如果实在不行,就把你的外套脱下来,缠在胳膊上,当做盾牌使用,挡击位置主要以对方的手腕为主,挡击匕首之类的也可以,或作为护头的工具挡击铁棍,随后,你会听到一声很清脆的响声,这是骨头断了的声音。如果你做了这些之后,还不行，立马躺在地上，装死。

4. 巧妙麻痹作案人。当已处于作案人的控制之下而无法反抗时，可按作案人的需求交出部分财物，并采用语言反抗法，理直气壮地对作案人进行说服教育，晓以利害，从而造成作案人心理上的恐慌。切不可一味地求饶，应当尽力保持镇定，与作案人说笑斗口，采取幽默方式表明自己已交出全部财物并无反抗的意图，使作案人放松警惕，以便自己看准时机进行反抗或逃脱其控制。假如你被丢进车子的后车厢，就把车后灯踢破，将你的手从洞中伸出去，用力挥手，驾驶人看不到你，但是其他人看得到。这个方法救过无数人命。

5. 大声呼救。只要有可能尽量大声呼救或有意高声与作案人说话。

6. 采用间接反抗法。是指趁其不注意时在作案人身上留下记号，如在其衣服上擦点泥土、血迹，在其口袋中装点有标记的小物件，在作案人得逞后悄悄尾随其后注意其逃跑去向等。

7. 及时报案。拨打"110"时，要首先告知自己的姓名、联系电话、当前所处位置，更重要的是尽可能详细地说明发生事件的时间、地点、性质（什么事）、违法行为人的人数、体貌特征等基本情况，以及所用交通工具（车辆）的出入方向；如不明确具体地点，可告知现场周围有什么明显的标志性物体或景观等，以便警方及时判断案件的发生地。

别怪我多嘴：保持冷静，既不要胆小怕事，也不要跪地求饶；应该随机应变，积极应对。

❸ 女性怎样防范不法侵害

★**陷阱回放**：女性大多富有同情心，这样会增加被强暴或被杀害的机会。曾有一个相貌堂堂并且受过良好教育的杀人犯，总是利用女性的同情心。他走路时带着一根手杖或是跛行，经常要求别人"帮忙"，当被害人进入车内或是看一下他的车子，趁机绑架受害者。最近有位女士晚上在自己门口听到有婴儿在哭，那声音听起来像是婴儿爬到窗户附近哭，她担心婴儿会爬到街上，被车子碾过。她认为这件事很奇怪，于是打电话给警察。警察告诉她：我们已经派人前往，无论如何不能开门。警方认为这是一个连续杀人犯，利用婴儿哭声的录音带，诱使女性以为有人在外面遗弃婴儿，骗她们出门察看。

警弟忠弹：警方已经接到许多女性打电话来说，他们晚上独自在家时，听到门外有婴儿的哭声。对此，要有警惕心，不要因为听到婴儿的哭声而开门。楼梯间是女性一个可怕的地方，容易让人形单影只，变成歹徒最好的犯罪场所。记住要搭电梯，不要走楼梯。一个人走在黑灯瞎火的地方，当你感到害怕的时候，也确实是比较危险的时候。这时，遇到有人跟着你，最好的办法，就是赶快往人多灯亮的地方跑，如果跑不掉，立刻破财消灾。尤其是女性常常在购物、吃饭及下班后进入车子，然后就坐在驾驶座上处理事情（如记账、列清单等）。千万不要这么做！歹徒会借机观察情势，闯入车内，拿枪威胁，控制你的行动。进入车内，立即锁门，驶离现场。如果是在平面停车场或立体停车场的，则应该注意以下事项：一是要警觉，环顾四周，察看车内的乘客座和后座（接近车子时，留意车底）。二是假如你的车子停在箱型车旁，则应该从乘客车门进入你的车子。许多连续杀人犯都是趁着女性要进入车中时，将她们拖进箱型车中加害。三是观察停放在你左右两边的车子。如果有男性单独坐在最近的邻车内，最好回到购物中心或办公室，找保安人员或警察陪你回去。宁愿防患未然，也不要终生遗憾。

别怪我多嘴：在受到控制之前，一定要跑！

④ 一个人在家遭遇小偷怎么办

★**陷阱回放**：一日凌晨 5 时许，家住临海市古城街道鹿城路的中学生小胡在睡意曚昽中，忽然感觉外面房间有"唆唆"的声音，猛地睁开眼，发现对面有一团黑影，正在翻找挂在墙上的衣服口袋。小胡被吓得不敢吱声，刚想打电话报警，又怕讲话声引起小偷注意，若小偷再起歹念，一个人怕是要吃亏。想到这，小胡悄悄拿起放在床头的手机，小心地钻进被窝里给"12110"发了短信。发送短信后，小胡就一边装睡，一边等民警上门。没几分钟，小偷翻了一遍一无所获后，转身向卧室走来，小胡害怕地"啊"了一声，不想小偷却也被吓得不轻，夺门而逃。由于大半夜孤身一人，小胡并没有追出去。民警赶到现场后，小胡向警方详细报了警，民警随即根据线索展开调查。

🎩**警弟志强**：遇到小偷首先要保证自身安全，其次再设法报警擒贼。市民如果发现可疑情况，在不方便打电话的情况下，可以采取短信的方式报警，发送内容到"12110"即可，报警时，内容可以简略，但地点一定要详细，包括所在县市的哪条路、哪个门牌号，这样警方才可以迅速赶到市民所在的地方。另外，报警时手机最好设置成无声，以免被窃贼发现。

别怪我多嘴：可发短信报警，内容可以简略，但地点一定要详细。

⑤ 遇到不明真相的人上门怎样办

　　★**陷阱回放**：某日下午，在南京太平南路附近小区的一居民房内，从事珠宝金银收购买卖的小老板在这里做珠宝首饰加工买卖。当天下午，小老板外出时只留下 15 岁的侄子在暂住处看门。不料，有两名男子冒充查电表的，趁机以谎言骗开了门，在控制住少年后，抢走存放在屋内的钻石、黄金、铂金以及部分现金。而据警方统计，涉案总价值超过 20 万元。同样，去年 5 月份的一天，张某背着工具兜来到黑龙江省鹤岗市工农区一幢居民楼内先将电源关闭，然后快速来到顶楼一户居民的门前便按响了门铃，在与女主人对话中，张某谎称自己是电业局查修工作人员，并以查电表、查电力开关、修电闸和检查线路为由骗取女主人的信任。入室后见只有女主人一人在家，其以查修工具不全为由让女主人提供螺丝刀，然后用螺丝刀威胁女主人并实施了强奸犯罪，而后在离开时又将女主人包内现金盗走。

警弟志强: 当你独自在家时，如有陌生人敲门，首先要明确的一点是坚决不能开门。遇到查电表的上门，首先不要盲目开门，要询问对方的身份，并可以通过"猫眼"看对方的工作证；由于抄电表的并不需要太多技术含量，也可以自己提出去查看，然后把数字报给对方。特别是遇有陌生人以修理工、推销员的身份要求开门时，说明家里不需要，请其走开。他如果说给邻居送东西或是说你的父母让他来送东西，你可以让他把东西先放门口，等他走后再拿进来。如果对方要强行闯入或感觉他在撬门，可到窗口、阳台等处高声喊叫邻居吓跑对方，或拨打"110"报警求助。

别嫌我多嘴: 不要盲目开门。

⑥ 有人拉你参与打架、抢劫、盗窃怎么办

★**陷阱回放**：一天，18岁的在校生武良下课后准备到学校附近的小卖部买东西，途中被唐某、梁某、马某看到后，马某突然说："这人以前得罪过我同学，咱们得教训他一下"。他们与武良本素不相识，事后也证明所谓"得罪人"纯属子虚乌有。但正值青春期、血气方刚的唐某、梁某一口答应了马某的提议。三人叫了一辆出租车，将武良强行带到海淀区中关村一居民楼楼顶，一边殴打武良，一边让武良想想是否得罪过什么人，已经被吓得不知所措的武良实在想不出自己到底得罪了谁，招致这么大的灾祸。之后马某还不甘心，又将李某等三个同龄少年叫至楼顶，马某等六个人继续抽打武良脸部、腹部。其间，马某等人把硬币扔在地上让武良拾捡；又将武良的裤腰带拽下系在武良的颈部；还让武良自己抽打脸部，以此寻开心，并拿出具有摄像功能的手机进行摄像。后武良的亲戚在网

网上看到此段录像才案发，马某等六人被公安机关抓获。法院以寻衅滋事罪追究了他们的刑事责任（分别判处马某等6人一年至一年两个月不等的有期徒刑）。

警弟志强：此案给至少七个家庭造成的悲剧令人感叹！根源在于唐某、梁某轻易答应马某的荒唐提议，参与了群体寻衅滋事。同时，被害人武良在被殴打后，身体、心理受到严重伤害，却向其父母隐瞒实情，更没有报警，反映出武良缺少运用法律武器保护自己的意识。此案关键是唐某、梁某不该答应马某的荒唐提议，参与犯罪。所以，在遇到有人拉你参与打架、抢劫、盗窃犯罪时，首先，学会拒绝不正当要求，明确表示不参与。二是设法劝阻对方。三是借故推辞。例如，可以说"真不巧，我家（学校）有急事，我必须马上去办"。四是及时报告老师。不论是打架、抢劫还是盗窃，都有可能构成犯罪，要追究刑事责任。为挽救对方，应将其作案时间、地点、手段、参与人等情况及时报告老师、家长或公安机关。

别怪我多嘴：要学会拒绝。

❼ 面对"无赖"，该怎么办

★陷阱回放：李宁居住的小区有一个无赖，经常会到李宁家要酒喝。有一天这位无赖打了架，无处发泄，便恶狠狠地对李宁说："听说你会散打，有种你打死我，我活着是一个赖皮狗，死了是一个死狗，没有什么区别，打不死我，我天天找你，打死我，你就白上了十几年学。"李宁当时很气愤，转而一想遇上这样的家伙，非常麻烦：他会让你心神不宁，甚至从此改变你的一生。后来，李宁选择了忍让。事后李宁通过老师找到无赖的一个朋友，这人和无赖有些亲戚关系，再找到那个无赖，大家一起解剖矛盾向他道歉，从此以后才算了结。

警弟志强：如果在一个公共场合遇到无赖或痞子，不管他怎么威胁，都不能和他们一起走，他们之所以要让你去他们要求的地方，那是他们对目前这个地方还是心有恐惧的。这个恐惧的心理会约束他们的行为，会降低你受伤害的程度。不管是大人，还是小孩，都一定要记住这一点，绝对不能去他们要去的地方。否则你会受到更大的伤害。校园是学生健康成长和努力学习的美好乐园，但校园里却为什么会经常发生暴力事件？因此，你可以试试以下方法：（1）尽量不与无赖们发生正面冲突，惹不起可以先躲开；（2）如果对方过于强大，可以先把钱物给他们，然后报告老师和家长；（3）在劫持者经常出没的地带，可以请警察出面干预；（4）上、下学时最好结伴一起走。

别怪我多嘴：息事宁人。

⑧ 遇上小偷怎么办

★**陷阱回放**：某校中学生张艺放学回家途中，在公交车上发现有人准备扒窃时，便情不自禁地喊了句："有小偷"！小偷的偷窃行为当即被制止住了。但当张艺下车时，小偷也跟着下车，尔后便对张艺进行了报复性的狂殴。

警弟志强：因为同学们还小，没有能力去制止，因此，建议首先要保护好自己，然后不要让犯罪分子感觉你发现了他，之后找到成年人告诉他有犯罪分子，做到既保护自己又打击了犯罪。如遇到上述扒窃行为，张艺不必和小偷正面冲突，最好的办法是：（1）机智灵活地通知售票员或司机。（2）发现小偷要扒窃自己财物时，只要正面注视一下他，表明自己已经注意到了，小偷会自然罢手，也不会惹出麻烦。（3）当发现小偷要扒窃他人时，也可以高喊一声"小心被偷"，以引起被扒者注意，不使小偷得逞。（4）如果发现自己被窃或别人被扒窃时，不要慌乱，应保持镇静，立即通知售票员或司机不要打开车门，根据实际情况将车就近开到公安机关或驻地停车检查，同时注意是否有往车外扔赃物，以及是否有几个人相互传递物品。

别怪我多嘴：不必正面发生冲突。

9 发现有人跟踪怎么办

★**陷阱回放**：一个人走在黑灯瞎火的地方，当你感到害怕的时候，也确实是比较危险的时候，直觉有时候是很正确的。一个夜黑风高的晚上，小柯一个人走在巷子里，开始她还壮着胆子前行，一会儿她觉得有一个人在后面离她10米左右跟着，不紧不慢地，她也开始放慢脚步。这时，巷子旁的一户人家亮着灯，她佯作敲门，那个跟踪的人以为她到家了，也就快速跑开。事情过后，小柯越想越觉得害怕。

🐱**警弟支招**：遇到有人跟着你，最好的办法，就是赶快往人多灯亮的地方跑，如果跑不掉，想办法破财消灾。尤其是女孩，还是少走夜路为好，夜路有鬼啊。上学和放学的路上，最好与同学结伴而行，遇意外时可以互相帮助。不要单独到荒凉、偏僻、灯光昏暗的地方。当发现有人一直跟着你时，你可以迅速走向马路另一侧摆脱，如有必要，可在马路两侧反复穿行，力求摆脱尾随；也可以尽快到繁华热闹的街道、商场等地方，想办法摆脱尾随者；也可以向路上大的机关单位求救，如去机关单位的值班室或向身边的大人求救，如果是在校门口，就给家里打电话，让大人来接。关键是当只有你一个人时，要有警惕性，多动脑筋！为此，生活中要多观察，记住家庭、学校周围的环境特点，尤其应熟悉派出所、治安岗亭、部队营区、大机关单位的地点，在紧急情况下，可以在这些地方得到帮助。

别轻我多嘴：赶快往人多灯亮的地方跑，如果跑不掉，想办法破财消灾。

⑩ 女生遇到有人耍流氓怎么办

★**陷阱回放**：一天上午，丽丽在小区会所门口遇到一个老头在路边看见她便解脱裤上的扣子，吓得她大叫了一声，落荒而逃。第二天，又是那个怪老头，还是坐在一辆自行车上，看她走过来，眼睛就直勾勾地看着，知道他心怀不轨，等走到离他大概2米远的地方时，他就说一些极难听的话，丽丽没有理他，老头就气得对她大吼。丽丽找到会所的保安，说那边有个老头儿耍流氓，保安说小区外边的事他不管。于是，她又跑到附近的派出所，找到一个民警，等到民警赶过去时，老头儿已经不见踪影了，丽丽气急败坏，就将那位保安告上了法庭。保安原是临时工，结果被解雇了。

警弟志强 夏季是性侵犯案件多发季节，女孩子穿着露、透，极易招致色狼蠢蠢欲动。在你乘车上下学的时候，如果有人在你上下车的时候，不留神碰了你的敏感部位，可以不去理他。如果对方碰一下再碰一下，直至连碰三次，而且都是女孩子的前胸、后身的敏感部位，那就是性骚扰了。对这种浑水摸鱼、想占便宜的家伙，一定要坚决地斥责，并往售票员或司机位置移动和求助。在以下四种情况下要高声喊：男士在旁高声喊，二三女伴高声喊，白天人多高声喊，旁有军警高声喊。即身边有男士在的时候要喊，要让别人知道；三四个女孩一块儿挤公车，大家一条心，再大的色狼也不怕，这个时候要喊；上下班高峰的时候要喊，这时人多，邪不压正；旁边有军人和警察的时候要喊，作为军人、警察，他们一定会挺身而出给你帮助的。

　　除了"四喊"以外，还有"三慎喊"：天黑人少慎高喊，孤独无助慎高喊，直觉危险慎高喊。天黑人少慎高喊，车上没有几个人，天又黑，你一喊容易引起犯罪分子激情伤人、激情杀人。这时，你要及时调换位置，尽量挨着司机或售票员坐下。所以，喊和不喊有一个原则，就是以不伤害到你的身体和生命为前提。

　　别嫌我多嘴：一定要坚决地斥责，并往售票员或司机位置移动和求助。

⑪ 怎样对待网上认识的朋友

★**陷阱回放**：家住路桥的李某（男，17岁）两周前通过网聊与某区一名刚上大一的女生小婷相识。两人聊得不错便相互留下对方的电话并互赠照片。一天李某用 QQ 和小婷打招呼，小婷没及时回复；李某多次在 QQ 上或通过电话与小婷联系，终于得到小婷的回应。小婷说没理他的原因是因为自己一直心情不好。李某听后很是生气，觉得自己受了委屈，便威胁小婷："不行，没人这样对过我！我让你上不成学，教育局我认识人，我还有一群朋友我要带他们到学校去闹，让人家知道你不是好女孩！"小婷怕李某来学校闹，就说只要不来闹，干什么都行。李某此刻要求小婷陪他过一夜才成，小婷不同意。李某又用语言威胁她，无奈小婷只好答应了。李某前往小婷所在辖区找到小婷，小婷求李某用请他吃饭的方式让他"消气"，李某不干又再度威胁小婷，后小婷同李某在一家宾馆住了一夜，这一夜李某多次将小婷强奸。事隔几日，李某又约小婷见面并声称与小婷成为男女朋友强迫小婷与其男友断绝关系，小婷无奈之下求助于父母、男友后向警方报案，李某被抓获。

检姐白雪：青少年"网聊"，作为人际沟通交流的一种方式，因其内容的私密性，在很大程度上能够满足未成年人"话投机"的心理需求，可以起到释放情绪，调整身心压力等作用。但未成年人缺乏自护意识、网络安全意识，常常毫无保留地将自己暴露给并不深知的网友，而那些意图不轨的人就会抓住未成年人的弱点来满足私欲，达到他们的罪恶目的。青少年女性往往是参与"网聊"的主要群体，也是最容易受到性侵犯的群体；同时，他们交往时间不长，有的只有两三天，或一两周就想见面，不了解对方；此外，案发地点大都在行为人的住处、较为封闭的娱乐场所，如网吧包间、歌厅包房等，还有公园偏僻处。侵害场所的封闭性、特殊性，都不利于被害人性权利的有效保护。因此，未成年人应切记网聊的行为规则：第一不能轻易暴露自己的隐私；第二不能轻易见面。这是因为在虚拟世界里网友可以远隔千山万水，也可近在咫尺自由地以各种自己喜欢的网名、内容与对方交谈，但毕竟有一个相对的个人空间和距离，如果出于一时冲动将遥远的事物拉到现实生活中来，这样，行为的危险性就从遥远的空间变成了近距离的危险。

别怪我多嘴：不要轻易将自己的个人信息透露给对方，更不要轻易单独与之见面！

⑫ 遇到陌生人求助怎么办

★**陷阱回放**：浙江台州某县发生过一件这样的事：中学生小兰早早来到学校，可因为太早了，校门还没开，她就坐在门口等着。过了不久，一个30多岁的男人走过来，说求小兰帮忙推推车，说着，用手指了指不远处的手推车，车上装着砖头。小兰见时间还早，就毫不犹豫地跟着他走了过去。他们推车走不远就进了一个小胡同，再走几步又拐到一个像仓库的空房子里，那人随手关上门。小兰感觉事情不妙，可已经来不及了，那人凶相毕露，向小兰扑了过来……

警弟忠强：如果自己孤身一人，遇到陌生人求助，切不可贸然答应。好比小兰，应该对那个男人说：你等一下，我的同学马上就来，而且是男同学，他们比我有劲儿，一定会帮助你。

别怪我多嘴：有的忙不能帮。

⑬ 遇到陌生人请你领路怎么办

★**陷阱回放**：有位11岁的学生热情地把一个陌生人领到他要去的地方后，却被扣作人质，并向其富有的家长索要巨额钱财。

警弟志强：路上如有人向你问路，你应该热情指点，但万一对方请你引路，就要引起警惕，即使是你非常熟悉的地方，即使这个地方离你所在的位置不远也不要去。你可以有礼貌地告诉他："爸爸妈妈不让我和陌生人走，你可以去路口让警察叔叔帮你带路。"如果陌生人纠缠你，你可以大声呼喊引起路人的注意。

别怪我多嘴：有的路不能领。

14 陌生人送给你东西怎么办

★**陷阱回放**：小童刚踢完球，又热又渴，多希望有一杯饮料啊！这时，一个陌生人举着一瓶饮料笑嘻嘻地走过来："来，渴了吧？喝一瓶，我请客。"就这样，不经意间小童一口气就喝了陌生人提供的饮料。瞬间，小童觉得飘飘然，一会儿就不省人事了。待他苏醒过来，随身携带的东西再也找不到了，陌生人也消失得无影无踪！

警弟志强：陌生人送给你东西，而且是你特别想要的东西时，你该怎么办？这时候，你必须清醒地认准一条，就是不能平白无故地要别人的东西。他和你素不相识，无亲无故，为什么要给你吃、给你喝，送你东西？你能保证他的葫芦里卖的是好药吗？所以，再好吃、再好喝、再渴望的东西，你也要坚决谢绝。"谢谢，我不要。"这种时候，最坚决是最好的回答。要知道，有的同学就是因为一时糊涂，贪吃、贪喝、贪玩，上了不法分子的当。他们的手法可多了，有的在吃、喝、玩的东西中放了有毒的东西，让你中毒；有的利用你要了他的东西，欠了他的人情，让你替他做坏事。因此，陌生人送的东西，再想要，也不能要。

别怪我多嘴：再想要，也不能要。

⑮ 一旦发现食物中毒了怎么办

★**陷阱回放**：一天，小明所在的学校发生了一起人为的投毒事件，造成大部分学生都不同程度地中毒，只有小明中毒较轻。因为小明第一口吃下发觉不对，便马上用食指压住自己的喉咙将吃下的食物吐出后，及时向"120"报警，以最快的速度将其他同学送往医院，经过医务人员的催吐、洗胃、补液等治疗，所有的同学都转危为安。

褚建新：轻度中毒者有头痛、头晕、流涎、恶心、呕吐、腹痛、多汗、乏力、肢体麻木、视力模糊等症状；而中度中毒者，除上述症状外，还会出现精神恍惚，言语不利，步态蹒跚，呼吸困难，肌束颤动，瞳孔缩小等症状；重度中毒者则病情进展迅速，瞳孔极小，像针尖样，对光反应迟钝，严重时血压下降，心率加快，口腔及呼吸道有大量分泌物，导致呼吸困难，口唇及指端明显紫绀，甚至于呼吸衰竭，病人呈现昏迷、大小便失禁等状态。当发生中毒的时候首先要镇定，可以用手或筷子去压舌根，尽可能呕吐，将毒物吐出来。然后立即送到医院去洗胃。

别怪我多嘴：不要慌张，尽量催吐，急送医院抢救。

⑯ 如何不让毒瘾上身

★**陷阱回放**：2008年11月底的一天晚上，祁奇早早做好了家庭作业，觉得无聊就打电话约同学出去玩玩，于是约了同班的陈刚。他们打的来到一个迪吧门口，"我们去放松放松吧？"祁奇提议道。两人一前一后迈进了震耳欲聋的迪厅。"砰嚓"、"砰嚓"，两个人开心地跳着。不一会儿，有一个留着山羊胡子的中年男人凑了过来，"兄弟，交个朋友吧"，顺手抽了两根烟递了过来。两人碍于面子，也出于好玩，把烟点着抽了。

时间在不知不觉中过去，祁奇和陈刚越跳越来劲，有点到了癫狂的程度，深更半夜才回家。在接下来的几天里，两人重复着"放松"活动，感觉离不开迪吧了。到第五天，学校开始考试，两人没有时间出家门，家中的父母都发现了一个怪现象，小孩好像瞌睡连连，眼睛里还不断流着眼泪，急得父母忙将孩子送医院诊治。经过医生的问诊和对症状的分析，确定为毒品成瘾。

警弟志强：因为毒品成瘾者或者毒品贩卖者总是紧紧盯住意志薄弱者和涉世不深的青少年。本案中就是不法分子将预先渗入海洛因的香烟给少年学生吸食，最终致使他们成瘾的。毒品有主动吸食和被动吸食，青少年处于世界观形成期，有的因学习生活方面的原因去寻求刺激主动吸食毒品，也有的被心怀鬼胎的不法分子下毒，被动地成了瘾君子。一旦染上毒瘾将后患无穷。有个只有20来岁的青年男子名叫陈德友，他初中毕业后在朋友的诱惑下染上毒瘾，以后一发不可收拾，从此走上了一条不归路。为了寻求购买毒品的资金，他伙同别人实施诈骗，参与抢劫16起，后被判处死刑。在狱中他追悔莫及，临刑前写了一首取名"毒害"的诗："白魔缠身丧心志，偷摸抢夺众人驱。家破人亡失知己，不归路上悔已迟。"这是一个反面教员血的教训，这是一个吸毒青年最后的忏悔，我们大家可要引以为戒啊！

褚建新：毒品不可一试，一旦沾上，几乎很难离开。而远离毒品，必须了解毒品方面的常识，让更多的知者止于"毒害"。目前毒品种类繁多，但一般来说，毒品都有四个共同的特征：具有不可抗性，能强制性地使吸食者被迫连续使用该药，并且不择手段地去获得它；连续使用有不断加大剂量的趋势，具有耐药性；对该药产生精神依赖性及躯体依赖性，断药后产生戒断症状（脱瘾症状）；对个人、家庭和社会都会产生严重的危害后果。据世界有关权威机构统计，到目前为止，全世界瘾君子已达1.85亿人，这是个多么惊人的数字啊，而且这数字还有增长的趋势。各类毒品，根据不同的标准有不同的划分方法。联合国麻醉药品委员会将毒品分为6大类：吗啡型药物（包括鸦片、吗啡、海洛因和罂粟植物等，是最危险的毒品）；可卡因和可卡叶类；大麻类；安非它明等人工合成兴

奋剂；安眠镇静剂（包括巴比妥药物和安眠酮）；精神药物
（即安定类药物）等。

　　预防毒品的关键在于自己，首先就要加强对文化、科学知
识和法律知识的学习，提高自己的科学文化素质和道德水平，
树立正确的人生观和价值观，摒弃那些腐朽的生活方式，努力
培养自己高尚的道德情操和远大的理想。其次，要不断培养自
己健康的心理素质，提高自我控制、自我调节平衡能力和抗拒
毒品诱惑的能力。要培养自己多方面健康向上的兴趣爱好，参
加文明、高雅的文化娱乐活动，丰富自己的精神生活。第三，
养成良好的生活习惯，坚决摒弃吸烟、酗酒等恶习。

　　别怪我多嘴: 管住自己，不走出第一步。

⑰ 怎样防止别人给你"下蛊"

★**陷阱回放**：离春节还有半个月，学校已经开始放假，东海边的一个小城一下变得异常热闹起来。就在这天傍晚6点左右，有一个昏睡在小城公园石椅上的少年姚昊，在被人叫醒后发现随身的现金全都不见了。姚昊此时仍然睡眼惺忪，洗脸、喝水后开始清醒起来……他学习空闲时喜欢上上网，有时也去聊天室聊聊天。事发前天，网友小丽说在家很苦闷，想认他做大哥，开心之余，姚昊便相约第二天在公园见面。她，18岁左右，漂亮可爱，打扮入时，两人一见如故。在公园里走了一会儿，也聊了一会儿。累了就坐在那张石椅上休息，小丽从随身带的小包里拿出两罐椰奶，递给姚昊一罐，她自己先开始喝了起来，姚昊直夸她人虽小却很体贴人，不客气地打开椰奶罐，咕噜咕噜地喝上了，谁知喝完椰奶后怎么就直犯困。当时姚昊已无法控制自己的头了，印象中倒在了小丽的肩上。当被人叫醒后，一看身上的1000多元现金全没了，连一部新买的昂贵手机也不翼而飞。

警弟志强：目前，社会上流行的迷魂药主要有苯丙二氮卓类药物和巴比妥类药物等。施毒的方法有将药物直接放在食物中和预先设法将药物放在现成饮料瓶中，再将饮料瓶用黏合剂伪装起来，不至于让受害人发觉，以达到欺骗的目的。此案中，犯罪嫌疑人就是将三唑仑用针筒注射进椰奶罐底部后用玻璃胶封口完成的，受害人不仔细很难发现破绽。了解常见的"下蛊"伎俩，当心各种"迷魂药"的近身，对涉世不深的年轻人来说是有好处的。

褚建新：安定类药物是苯丙二氮杂卓类镇静催眠抗惊厥药物。除安定外，还有硝基安定、羟基安定、氟硝安定、三唑氨安定、舒乐安定以及氯氮卓（利眠宁）等。这类药物是可以稳定情绪，减轻焦虑及紧张状态，改善睡眠，并可松弛肌肉，因为副作用小而很受患者的喜爱。但是，正是由于这类药物的安全性较大，一般常规用药不致引起不良反应，据有关资料统计，安定中毒的人体血浓度区间为 5—20 微克/毫升，致死血浓度为 >20 微克/毫升。巴比妥类是普遍性中枢抑制药。随剂量由小到大，相继出现镇静、催眠、抗惊厥和麻醉作用。10 倍催眠量时则可抑制呼吸，甚至致死。巴比妥类在非麻醉剂量时主要抑制多突触反应，减弱易化，增强抑制。巴比妥类是通过延长氯通道开放时间而增加 Cl^- 内流，引起超极化。较高浓度时，则抑制 Ca^{2+} 依赖性动作电位，抑制 Ca^{2+} 依赖性递质释放，并且呈现拟 GABA 作用，即在无 GABA 时也能直接增加 Cl^- 内流。此类药物较易发生依赖性，因此，目前已很少用于镇静和催眠。服用过量可引起昏迷，严重的可能致死；长期连用则可成瘾。

别怪我多嘴：保持自己的头脑清醒，不贪小便宜，不轻信生人。

⑱ 轻信他人将后患无穷

★**陷阱回放**：1998 年 10 月 18 日，人们被狮子星座的流星雨闹得沸沸扬扬。不少家庭、不少孩子站在凛冽的风中去领略大自然的奇观，去欣赏神奇太空的壮景。家住北京朝阳区的一个 14 岁的女孩马曼和堂弟也兴致勃勃地加入了观赏流星雨的人群。为了能看得清楚，他们跑向附近的一个大操场。凌晨 3 时 40 分，两个人都有了冷意，便想回家去穿衣服。走在半路，忽听后边有人大喝一声："站住！"只见一男人手提黑色橡胶警棍，出现在姐弟面前。问他们是什么关系，要查看他们的学生证。姐弟俩以为此人是夜巡人员，放松了警惕。姐姐拿出了学生证，弟弟没有。"夜巡人"陪他们往家走。在离家还有 300 米的地方，"夜巡人"对堂弟说："你回去取学生证，我和你姐在这等。"当堂弟和家长从家跑出来时，前后仅 15 分钟的时间，姐姐和"夜巡人"都不见了。几天后，在一小树林中发现了马曼的尸体。

检姐白雪：在日常生活中如何远离危险，防患于未然？比如不要跟陌生人讲话、接触，更不要吃陌生人送给你的食物。在校外不能随便把自己的家庭住址、父母姓名、联系方式等给陌生人或者培训机构，以免给骗子以可乘之机。不要搭乘陌生人的机动车、人力车或自行车，防止落入不法分子的圈套。女生遇陌生男人问路，不要带路；向陌生男人问路，不要让对方带路。

放学回家的路上，一个不认识的人走来说："我是电影导演，正在挑演员。你长得很好，正适合演一个角色。"一席话，说得你心花怒放，谁不想演电影呢？于是，他进一步说："我带你去试试镜头好吗？"这时，你应该冷静下来，这样回答："这件事要通过家长和老师，我自己不能决定。""那好，请你把家长和老师的电话告诉我，因为我急着找演员，你要不行，我就要另外找人了。"即使这样，你也不能把电话告诉他，你可以这样回答："那请您把电话留给我，我向家长和老师请示后跟您联系吧。"

放学路上，你和同学看见一幅新电影的广告，特吸引你。这时，一个不认识的人，走过来，笑眯眯地说："想看吗？我请客，带你俩一起去看吧。"虽然，这话正对你俩的心思，但是，天下哪有这么美的事。这时，你必须冷静，保持警惕，并明确回答："不行，家长要求我们放学后立即回家。"说完，你要紧紧拉住同学的手，迅速转身离开，动作越快越好。总之，陌生人要带你走，不管他说要去的地方多有诱惑力，你都不能去。而且，拒绝要坚决，不能犹豫，并且迅速离开那个地方。

法妹红霞：放学时尽可能结伴而行。一些不法分子时常在中小学校门口或周围选择中小学生作为侵害的对象，侵害的形式主要有抢劫、抢夺、殴打、敲诈、强行索要钱物以及对女生进行调戏、侮辱等，且多选择单独行走回家或回家较晚的学生，伺机进行犯罪活动。由于学生势单力薄，缺乏自我保护意识和能力，时间晚，住址较偏，路上行人少，而对犯罪分子往往表现出脆弱、恐惧、不知所措等心理状态，这种心理的外部表现，很容易被不法分子察觉到，给他们以可乘之机。所以，放学后，尽量结伴而行，一般 3 至 5 人为宜，不法分子就不敢轻易动手了。

结伴而行不仅可以防范犯罪分子的伺机侵害，也可以在遇到犯罪分子拦截时互相鼓励共同与犯罪分子作斗争，如及时向周围群众呼救，共同指责犯罪分子的不法行为，以引起周围人的注意并得到帮助。

别怪我多嘴：记住了这些，或许可以救你一命！

《青春法律防线》之

——我的权利谁做主

法爱兄陈维权的开场语

青少年是祖国的未来，民族的希望，他们肩负着国家的历史使命。"今日之责任，不在他人，而全在我少年。少年智则国智，少年富则国富，少年强则国强，少年进步则国进步，少年胜于欧洲，则国胜于欧洲，少年雄于地球，则国雄于地球。"梁启超先生《少年中国说》中这段文字，不知感动过多少人。有什么能比青少年的茁壮成长更有资格代表国家未来的竞争力？有什么比青少年的遵纪守法与茁壮成长靠得更近？因为，只有青少年的茁壮健康成长，才能代表着国家未来的竞争力！也只有青少年学会自我保护，学会用法津的武器维护自身的合法权益，才能成为合格的国家栋梁！

今天，我们邀请了三位长期从事法津实务工作的津师，作为嘉宾参与关于青少年权利主题的讨论。

青春法律防线形象设计——金琴云律师

青春法律防线形象设计——蔡显俊律师

青春法律防线形象设计——李文彬律师

嘉　宾:

1. 金琴云律师,浙江力汇律师事务所主任,浙江大学法律硕士研究生,台州市第四届人民代表大会代表。

2. 蔡显俊律师,浙江日中天律师事务所主任,台州资深律师。

3. 李文彬律师,现为浙江海贸律师事务所专职律师,兼任台州市仲裁委调解员。

❶ 十六岁的少年要求独立生活，父母就能以此为由不承担抚养义务吗

★**案说权利**：孙某与汤某于 1992 年 1 月登记结婚，次年 3 月生育女儿汤萌。后由于双方性格不合，常因家庭生活琐事发生争吵甚至打斗，孙某便于 2008 年 3 月离家出走。孙某离家后，女儿汤萌便到外面打工，靠自己挣钱和亲友的接济勉强维持生活。2009 年 4 月，孙某向法院起诉离婚，汤某表示同意离婚。在诉讼中，由于女儿汤萌（时年 16 岁）要求自己独立生活，不要父母抚养，孙某、汤某便以女儿主动放弃被抚养权为由，均提出不再承担抚养女儿的义务。

蔡显俊：我国《婚姻法》第 36 条规定："父母与子女间的关系，不因父母离婚而消除。离婚后，父母对于子女仍有抚养和教育的权利和义务。"10 周岁以上的未成年子女，属于限制民事行为能力人，有一定的辨别是非能力，因此在处理离婚案

件时，对于子女跟谁生活的问题应当考虑子女的个人意愿，法官一般在父母都争夺抚养权且双方的抚养条件差不多的情况下，才考虑子女的个人意见，但这并不表示 10 周岁以上的未成年子女可以随意选择和谁生活。依照《民法通则》的规定，16 周岁以上不满 18 周岁的公民，能够以自己的劳动收入为主要生活来源，并能维持当地群众一般生活水平的，视为完全民事行为能力人。本案中，汤萌虽已满 16 周岁，靠打工取得了一点收入，但因收入较低且不稳定，并不能以其劳动收入维持自己的正常生活，故汤萌不应视为完全民事行为能力人。父母对未成年子女的监护权是法律规定的义务，并不以子女的意志而消灭，由于汤萌系未成年子女，尚不具有完全民事行为能力，其仍须得到父母的监护。尽管汤萌要求自己独立生活，不要父母抚养，主动放弃被抚养权，但也不能免除其父母所应承担的抚养义务。

金琴云：每个孩子都是父母的结晶。抚养未成年子女是父母的权利，也是父母的义务。作为父母，要悉心照料自己的未成年孩子，不抛弃，不放弃。未成年人出生后有权享受父母或者其他监护人的抚养。抚养未成年子女是父母应尽的义务，对于不履行抚养义务的父母，未成年子女有权要求父母给付抚养费。未成年人的受抚养权益，既是人身权，也是财产权，是未成年人首要的民事权益。当前，我国虽然已经制定了若干部未成年人保护法律，但有关未成年人受抚养权益的保护在实现上仍存在诸多缺陷。父母抛弃未成年人，不抚养未成年人的现象屡见不鲜。在此，提醒广大未成年人，受抚养权是未成年人的法定权利，在受到不法侵害时，可以应用法律武器维护自己的合法权利。

李文彬：根据我国法律规定，未成年人到底有哪些人身权利？在此，我作简要介绍。人身权利是指与公民的人身不能分离的、没有财产内容的民事权利。未成年人作为公民的一部分，公民所应该享有的所有权利他们都同样应该享有。这里，我要着重强调以下未成年人最容易被侵害的权利：一是人身自由权。人身自由权是指未成年人的人身自由不受侵犯，除法律规定的事项以外，禁止非法拘禁、剥夺或限制未成年人的人身自由和非法搜身。二是姓名权。未成年人有权决定、使用和依照规定由父母、收养人向户口登记机关申请变更登记后改变自己的姓名，禁止他人干涉、盗用、假冒。未成年人可以随父亲姓，也可以随母亲姓。三是名誉权。名誉权是指未成年人享有名誉、人格尊严不受侵犯的权利。禁止用侮辱、诽谤等方式损害未成年人的名誉。《未成年人保护法》将"尊重未成年人的人格尊严"列为保护未成年人工作的基本原则，充分体现了国家对未成年人人格尊严的重视和保护。四是隐私权。隐私权是指未成年人享有的个人生活不被公众知晓，禁止他人非法干涉的权利。为保护未成年人的隐私权，保护未成年人的身心健康免受伤害，《未成年人保护法》规定：任何组织和个人不得披露未成年人的个人隐私。该法还规定：对未成年人犯罪案件，在判决前，新闻报道、影视节目、公开出版物不得披露该未成年人的姓名、住所、照片及可能推断出该未成年人的资料。五是受抚养权。未成年人出生后有权享受父母或者其他监护人的抚养。抚养未成年子女是父母应尽的义务，对于不履行抚养义务的父母，未成年子女有权要求父母给付抚养费。

② 十七岁的少年有无选举权

★**案说权利**：小李今年十七岁，在一家公司里面工作有一年多了。工作非常出色，同事们也从来不把他当未成年人看待。小李自己也认为自己确实长大了。此时恰逢人大代表换届选举，看着同事们都拿到了选民证，只有自己没有拿到，小李非常的不解。他跑到选举委员会询问，工作人员告诉他，因为他没有满十八岁，所以属于未成年人，不享有选举权，小李对此还是相当不理解。曾向《青春法律防线》编辑部同志询问，他究竟有没有选举权与被选举权？

蔡显俊：选举权是指法律规定的公民享有的选举国家机关代表和某些国家机关领导人的权利，是公民的基本权利之一。选举权和被选举权是公民的最重要的政治权利，是公民参与国家管理、当家做主的重要标志之一。在我国，选举权指公民选出代表自己意志的人民代表参加国家政治生活的权利，被选举权指公民有被选举为代表人民意志作为人民代表亲自参加国家政治生活的权利。在我国，公民只要具备下列条件，就可以享有选举权和被选举权：1. 具有中国国籍；2. 年满 18 周岁；3. 未被剥夺政治权利。我国《宪法》第 34 条规定："中华人民共和国年满十八周岁的公民，不分民族、种族、性别、职业、家庭出身、宗教信仰、教育程度、财产状况、居住期限，都有选举权和被选举权；但是依照法律被剥夺政治权利的人除外。"所以，未成年人在我国是不享有选举权与被选举权的。宪法之所以这么规定，主要是考虑到未成年人的特点，即缺乏系统全面的政治观念，尚不能正确判断政治事务等特点。所以小李虽然在生活工作中表现得非常的成熟，但是因为只有十七岁，还属于未成年人，不享有选举权与被选举权。

金琴云：未成年人为何享受不到与成年人同等的权利呢？第一，未成年人没有足够的能力去辨别是非，处于一种成长的状态，对于社会责任的认识，依然很浅薄，比如在选择人大代表时，他们是否真的可以承担选取的责任呢？第二，未成年人享有和成年人不同的权利，对于罪责的承担相对也很小，《未成年人保护法》中明确了许多关于保护未成年人的条款。第三，成年人对保护未成年人的责任也包含了中华民族爱护幼小的美德，让他们快乐地成长。

❸ 未成年人积极报案是否应该得到肯定和鼓励

★**案说权利**：王波是某市实验小学三年级的学生，今年10岁。5月4日下午3点左右，王波放学回家，路过街心公园，发现在一座假山的背后有一位老爷爷躺在地上，王波便上前搀扶，哪知老人双眼圆睁、牙关紧闭，一动不动。再瞧发现老人印堂发黑，王波感觉不好，便报告了就近的派出所。后经侦查勘验，发现老人系被人毒死。

李文彬：我国《刑事诉讼法》第108条第1款规定，"任何单位和个人发现有犯罪事实或者犯罪嫌疑人，有权利也有义务向公安机关、人民检察院或者人民法院报案或者举报。"因为任何犯罪都具有一定的社会危害性，犯罪行为是对国家、单位安全和利益的破坏，是对公民个人人身、财产权利及其他合法权益的侵犯。我国《宪法》第45条也规定，"中华人民共和国公民有维护祖国安全、荣誉和利益的义务。"所以，未成年人发现了犯罪事实或犯罪嫌疑人，也有向相关单位报案或者举报的义务，但未成年人在报案或者举报的时候要注意自身的安全，本案王波正确履行了报案义务，应该得到学校老师和家长的鼓励和肯定。

金琴云： 国家法律在规定和保障未成年人的广泛权利的同时，也规定了未成年人应当履行的各项义务。这些义务主要包括：一是维护国家统一和民族团结的义务。二是遵守宪法和法律、保守国家秘密、爱护公共财产、遵守劳动纪律、遵守公共秩序、尊重社会公德的义务。上述公民应当履行的义务是我国《宪法》第53条明确规定的，每个未成年人作为中华人民共和国公民的一分子，当然也应当履行这些义务。三是维护国家的安全、荣誉和利益的义务。四是保卫祖国，依法服兵役的义务。《兵役法》第12条规定，根据军队需要和自愿的原则，未满18周岁的未成年人也可以参军入伍。可见，部分未成年人在一定情况下也担负着服兵役，保卫祖国的义务。五是依法纳税的义务。未成年人作为中华人民共和国公民的一部分，与其他公民一样，在符合国家税法规定的情况下，也具有依法纳税的义务。权利意味着一种利益，一种获得；义务意味着一种责任，甚至是一种付出、一种牺牲。国家为保障未成年人的健康成长规定了其享有的广泛权利并为其权利的行使创造了充分的条件，同时也要教育他们明确地意识到自己肩上所担负的责任。值得一提的是，未成年人积极报案要考虑自身安全，最好在大人的帮助下进行。

④ 出生年龄的一天之差使少年陈垒从有罪变为无罪

★**案说权利**：陈垒出生于 1989 年 5 月 24 日，于 2005 年 5 月 31 日至 7 月 6 日间，在附近小区盗窃山地自行车 30 多辆，价值人民币 8000 余元。经公安部门侦破此案，为失主追回大部分赃物。此案移送检察机关审查起诉。办案人员通过案卷材料反映的事实来看，本案主要事实清楚，证据确凿，有证人证言、辨认笔录、被告人的供述、涉案物品价格鉴定书及户籍证明等，已经构成犯罪。但办案检察官从与其父亲谈话中了解到一条重要线索：在当初给陈垒报户口时，陈垒的出生月份和日期是按照传统农历报的，并非法律上计算年龄时适用的公历。如果按照公历换算，陈垒的出生日期应是同年的 7 月 19 日，也就是说，陈垒盗窃赃物时，年龄尚不满十六周岁，依法不应承担刑事责任。如果取得证明陈垒年龄的新证据，则关系到陈垒有罪还是无罪的问题。为证实这一说法，必须有相应的证据佐证。陈垒是在农村出生，没有医院的出生证明，而时隔十六年，接生人员及亲朋好友对出生日期的回忆作出的证言证明效力低，也难以采信。后经多方取证，陈垒所在的村委会出具了证明，证实当地出生的孩子通过村委会报户口时，均以农历登记；同时在村委会档案里保管的《儿童计划免疫登记卡》1990 年出生儿童的登记页里，清楚记载了陈垒的出生日期为 7 月 19 日，而且陈垒出生前后的儿童登记的均为公历。凭借这份原始证据及村委会的证明，当地派出所将陈垒的出生日期更改为公历。随后，检察院以本案事实、证据变化为由，对陈垒作不起诉决定，陈垒因而从有罪变成无罪。

蔡显俊：根据我国刑法规定，未成年人犯罪的年龄阶段分为 3 个阶段，分别是：（1）绝对负刑事责任年龄阶段，这主要是指年满 16 周岁的未成年人，只要达到年满 16 周岁就应该对我国刑法规定的一切犯罪负刑事责任。（2）绝对不负刑事责任年龄阶段，这主要是指未满 14 周岁的未成年人，只要未满 14 周岁的未成年人，触犯刑法规定的犯罪都不认为是犯罪。（3）相对负刑事责任年龄阶段，主要是指对我国刑法明文规定的故意杀人、故意伤害致人重伤或者死亡、强奸、抢劫、贩卖毒品、放火、爆炸、投毒罪（刑法修正案（三）修改了该罪名）规定的 8 种行为负刑事责任，主要考虑到这 8 种犯罪都是危害人身安全和公共安全的暴力性犯罪，在这个年龄阶段未成年人有辨别是非的能力，能够对自己的行为有清醒的认识，所以除此之外的任何犯罪都不负刑事责任。在区分年满 16 周岁和 14 周岁的标准上是指以户籍上登记的出生日期为标准，已满 16 周岁指 16 周岁生日起第 2 天计算，16 周岁生日的当天还是未满 16 周岁。14 周岁也是同样的计算。在未成年人犯罪的年龄阶段是绝对不能逾越的，体现了我们国家爱护未成年人，保护未成年人成长的政策，同时虽然年满 16 周岁应该负刑事责任，但是我国刑法还规定了已满 14 周岁不满 18 周岁的人犯罪，应当从轻或者减轻处罚。所有这些体现出我国刑法宽严相济的刑事政策。

⑤ 都是一起作案的为什么有不一样的处罚

★**案说权利**：2008 年 6 月 21 日下午 15 时许，杜君、王鑫、邵华和张洋（另案处理）骑邵华家的摩托车外出游玩。行至某桥头时，因摩托车燃油即将耗尽，四人商量在此抢劫过往行人钱财以便给摩托车加油。后发现受害人骑自行车路过，便上去拦下并强行将受害人从车上拽下索要钱财，因受害人没带钱遂将其暴打一顿，致受害人颈部、胸部多处红肿，皮肤浸血，后四人将受害人随车带的打气筒拿走，并恫吓不让其报案，然后四人逃离现场。案发后查明：杜君出生于 1990 年 10 月 13 日，王鑫出生于 1991 年 5 月 16 日，两人都是某高级中学学生，三被告人由于意志以外的原因未搜到钱财。邵华初中一年级便辍学，跟着其父亲学理发，平常也没有什么劣迹，王鑫是一名在校学生，且学习比较努力，此次犯罪，二被告人都具有偶然性和盲从性，且均系初犯，庭审中二被告人都有悔罪的表现。于是，法院依法判决王鑫犯抢劫罪，判处有期徒刑一年零六个月，缓刑二年，并处罚金一千元。同时，以抢劫罪分别判处杜君有期徒刑二年，并处罚金一千五百元；邵华有期徒刑一年零六个月，并处罚金一千元。有家长提出，为什么他们都是一起作案的却有不一样的处罚呢？

李文彬：未成年人是指未满 18 周岁的公民。不满 14 周岁的未成年人不能成为我国刑法规定的犯罪主体，《刑法》第 17 条规定，已满 14 周岁不满 16 周岁的未成年人可以成为故意杀人、故意伤害致人重伤或死亡、强奸、抢劫、贩卖毒品、放火、爆炸、投毒罪的犯罪主体，已满 16 周岁的人犯罪应当负刑事责任，即可以成为任何罪的犯罪主体。可见犯上述 8 种罪的，满 14 周岁不满 16 周岁的未成年人和满 16 周岁不满 18 周岁的这两类未成年人在定罪上同成年人一样，但在量刑上体现了一定的从宽政策。因不满 16 周岁不予刑事处罚的，可责令他的家长或者监护人加以管教；在必要的时候，也可以由政府收容教养。本案杜君、邵华、王鑫以暴力方式强行夺取他人财物，其行为均已构成抢劫罪，三人系共同故意犯罪。鉴于被告人杜君、王鑫作案时未满 18 周岁，依法应当从轻或减轻处罚，特别要说明一点，抢劫罪侵犯的是复杂客体，既侵犯财产权利又侵犯人身权利，具备劫取财物或者造成他人轻伤以上后果两者之一的，均属抢劫既遂。本案三被告人由于受害人没带钱而未能劫取到钱财，同时也未造成受害人轻伤以上损伤，因此属于抢劫未遂，对于未遂犯可以比照既遂犯从轻或减轻处罚，人民法院本着对未成年被告人以"教育为主，惩罚为辅"的处罚原则，决定对三被告人予以减轻处罚，其中王鑫系在校学生，因适用缓刑确实不致再危害社会，依法宣告其缓刑。

⑥ 父母对子女的日记享有知情权吗

★**案说权利**：2010 年 9 月 10 日，台州市三门县人民法院迎来了一位特殊的原告，年仅 11 岁、上小学五年级的李某，要告父母未经其同意翻看他的日记，侵犯了他的隐私权。事出有因，小李的日记被父母偷看，是因为他最近的学习成绩下降很快，老师也反映他上课精力不集中，常与同学说话并且不知何原因。父母通过"偷看"他的日记，才发现他竟然与同班女生在"谈恋爱"，并将其教训了一顿。法官了解情况后，认为孩子虽是未成年人，但也有其个人的隐私，要受法律保护；父母为了孩子的健康成长了解孩子的隐私，虽不算侵权但显属不妥。最后，法官对小原告在学校不认真学习和其父母采取不适当的教育方式，进行了针对性的批评教育。

金琴云：我们在讨论父母和孩子"知情权"和"隐私权"冲突时，往往忽略了一个重要的因素，那就是不同年龄的孩子受到父母监护的具体方式应该有所差异。就"儿童隐私权"

而言，孩子上小学之后，特别是 10 岁之后，慢慢有了独立思考的能力，自我意识逐渐增强，此时的父母若还坚持孩子是"完全透明"的，就不可避免和孩子产生冲突。从这段时间到孩子 16 岁具有完全的民事行为能力之前，父母应该逐渐削弱原来绝对的"知情权"，给孩子一个具有限制的"隐私权"，如保护个人日记不被父母偷看的自由、通信的自由、生理变化的隐私等等，但在遇到影响孩子正常教育的问题时，仍然应该坚持孩子必须向父母适时告知。而此时的父母，也应该为孩子的隐私保密，充分尊重孩子。

蔡显俊：小学生或者未成年人有无隐私权，答案当然是肯定的，未成年人也是公民，是公民就理应享有隐私权。何况，《未成年人保护法》也规定，任何组织或者个人不得披露未成年人的个人隐私。对未成年人的信件、日记、电子邮件，任何组织或者个人不得隐匿、毁弃；除因追查犯罪的需要，由公安机关或者人民检察院依法进行检查，或者对无民事行为能力的未成年人的信件、日记、电子邮件由其父母或者其他监护人代为开拆、查阅外，任何组织或者个人不得开拆、查阅。未成年人面对除父母等监护人以外的任何人甚至包括亲属，主张隐私权是没有任何问题，但是，当他们面对着父母等监护人时，隐私权遇到了监护权。

监护权是对于未成年人和精神病人等无民事行为能力人和限制民事行为能力人的人身权益、财产权益所享有的监督、保护的身份权。监护权既是父母等监护人所享有的一项权利，同时也是一项法定义务，《未成年人保护法》规定，"父母或者其他监护人应当创造良好、和睦的家庭环境，依法履行对未成年人的监护职责和抚养义务。""父母或者其他监护人应当学习家庭教育知识，正确履行监护职责，抚养教育未成年人。"鉴于未成年人心智尚未成熟，父母等监护人有时通过查阅子女的信件、日记、电子邮件、网聊记录、手机短信等个人信息的途径对其进行监管，这是为未成年人健康成长的需要，也是建设和谐社会的需要（未成年人犯罪不受刑罚处罚或者减轻处罚，民事赔偿责任由父母等监护人负责），如果以隐私权为由，绝对拒绝父母等监护人"偷看"子女的个人信息，恐怕就不利于未成年人健康成长，也不利对社会的保护。

　　我赞赏三门法官的做法，一方面，承认未成年人具有隐私权，另一方面，认为"父母为了孩子的健康成长了解孩子的隐私，并进行针对性的教育，不应视为侵权"，这种做法事实上是对子女的隐私权与父母的监护权进行平衡。

7 谁侵犯了孩子们的受教育权

★**案说权利**：某企业为了多挣钱，从偏远山区以较低的工资雇佣了很多还没初中毕业的孩子。这些孩子每天早上6点起床，中午只休息半个小时，下午6点下班，有时晚上还要加班。后来，学校发现有很多孩子辍学，就和家长联系。校方称，受教育是公民应尽的义务，你们有责任让你们的孩子接受初中教育。家长甲说，受教育是我们自己的事情，你们学校管不着。家长乙说，国家法律有规定，受教育是一种权利，我们可以放弃。学校没办法说服家长，通过调查得知，这些学生都到外地某企业打工，于是联系到该工厂。学校说，学生还没有完成九年制义务教育，你们没有权利招收他们就业，这是违法的。但该厂理直气壮地说，我们已经和家长签合同了，双方同意，我们给钱，他们出力，有什么错？那么，这究竟是谁侵犯了孩子们的受教育权利呢？

蔡显俊：家长甲、家长乙和该厂负责人的话都不正确，因为未成年人接受教育既是权利又是义务。我国的《义务教育法》规定，公民依法享有九年义务教育的权利（从小学到初中），任何单位和个人不得剥夺。对家长（监护人）来说，送子女去读书，读到初中毕业，这是法定义务，违反这个规定就构成违法，应承担法律责任。未成年人自己可以拿起法律武器进行维权，其他公民有权帮助控告，国家也有权干预。

金琴云：我国法律中没有"学习的权利"这一称呼和概念，但是有受教育的权利这样的概念。虽然"学习的权利"和"受教育的权利"存在语义上的不同，前者更强调主体的自主性。在主体最终获得知识这一层面上来看"学习的权利"和"受教育的权利"又具有相似性和同质化的部分。直接保障受教育权利的有：（1）《宪法》第46条第1款"中华人民共和国公民有受教育的权利和义务"。（2）《未成年人保护法》第3条第2款"未成年人享有受教育权，国家、社会、学校和家庭尊重和保障未成年人的受教育权"。（3）《义务教育法》第4条"凡具有中华人民共和国国籍的适龄儿童、少年，不分性别、民族、种族、家庭财产状况、宗教信仰等，依法享有平等接受义务教育的权利，并履行接受义务教育的义务"。其他保障有：（1）《教师法》。（2）《民办教育促进法》。（3）《教育法》第9条"中华人民共和国公民有受教育的权利和义务"。（4）《职业教育法》第5条"公民有依法接受职业教育的权利"；第6条"各级人民政府应当将发展职业教育纳入国民经济和社会发展规划。行业组织和企业、事业组织应当依法履行实施职业教育的义务"；第7条"国家采取措施，发展农村职业教育，扶持少数民族地区、边远贫困地区职业教育的发展。国家采取措施，帮助妇女接受职业教育，组织失业人员接受各种形式的职业教育，扶持残疾人职业教育的发展。"（5）《高等教育法》第9条"公民依法享有接受高等教育的权利。"

8 未成年人是否有权利使用压岁钱且不用交给家长

★**案说权利**：13 岁的小伟是某市一所重点中学的初一学生，今年春节，小伟一共收了三千多元的压岁钱，并打算拿这笔钱买一个平板电脑。然而母亲强烈反对小伟乱花钱，母子俩因此起了争执。大家说说小伟是否有权使用压岁钱且不用交给家长？

李文彬：别人给了孩子的压岁钱，从法律的角度看属于赠与的范畴。但是对于未成年人可以说是有"所有权"而没有"支配权"，我国法律同时也规定了未成年人的财产由监护人保管。法律这样规定是考虑保护未成年人的合法财产所有权，现年 13 岁的小伟属于限制民事行为能力人，他只能做些与其年龄相适应的民事行为，购买电脑这样的高额消费行为超出了与其年龄相适应的民事行为，要是没有监护人的事后追认，这行为是无效的。同时从另外一个角度看，当小孩收到了压岁钱的时候，小孩的父母也会给对方的孩子"压岁钱"，这中间存在着家长利益互换的问题，因此从这角度考虑小孩对压岁钱享有完全的所有权也是存在一定的问题。

金琴云：压岁钱在法律上可以认定为赠与行为。孩子虽然未成年，但仍具有接受赠与的权利，也就是说压岁钱是属于孩子个人的财产。但是，根据赠与的相关法规，不满 10 周岁的未成年人是无民事行为能力人，他们的民事活动由他们的法定代理人也就是家长代理，家长可以支配；但是 10 周岁以上的未成年人是限制民事行为能力人，这部分人可以进行与他的年龄、智力相适应的民事活动，因此，孩子处于这一年龄段的家长在处理孩子压岁钱时应该与孩子商量，听取孩子的意见，不能完全凭父母的意愿。

❾ 对有"严重不良行为"的未成年人应当怎样依法矫治

★**案说权利**：2011 年 9 月的一天夜里，少年李某与 18 岁的同伴苏某，在海淀区华府小区附近因纠纷谩骂、殴打他人并损毁他人驾驶的车辆。接到报案后，公安机关依法以涉嫌寻衅滋事罪将李某、苏某刑事拘留审查。在审查中，李某、苏某对上述犯罪事实供认不讳。李某的行为构成寻衅滋事犯罪，依照《中华人民共和国刑法》第 17 条之规定，公安机关决定对李某由政府收容教养 1 年，交付执行，对苏某提请逮捕并追究法律责任。

李文彬：根据《预防未成年人犯罪法》的规定：（1）对有严重不良行为的未成年人，其父母或者其他监护人和学校应当互相配合，采取措施严加管教，也可以送工读学校进行矫治和接受教育。（2）未成年人有本法规定的严重不良行为，构成违反治安处罚。因不满 14 周岁或者情节特别轻微免予处罚的，可以予以训诫。（3）未成年人因不满 16 周岁不予刑事处罚的，责令他的父母或者监护人严加管教，在必要的时候，也可以由政府依法收容教养。解除收容教养、劳动教养的未成年人，在复学、升学、就业等方面与其他未成年人享有同等权利，任何单位和个人不得歧视。

蔡显俊： 收容教养是指对因不满 16 周岁而不予刑事处罚的未成年人而采取的强制性教育改造措施，是一种行政处罚措施，收容教养期限一般为 1 至 3 年。在收容教养期间，未成年管理所（也称少年管教所）也会以教育、感化为主的方式进行教养。法律只规定"未成年人因不满 16 周岁不予刑事处罚的，责令他的父母或者其他监护人严加管教；在必要的时候，也可以由政府依法收容教养"。但具体什么是"必要的时候"，法律没有规定，公安机关自由裁量。1995 年 10 月 23 日公安部《公安机关办理未成年人违法犯罪案件的规定》第 28 条"未成年人违法犯罪需要送劳动教养、收容教养的，应当从严控制，凡是可以由其家长负责管教的，一律不送"。被收容教养的未成年人及其法定代理人对收容教养的决定不服，可以申诉，也可以提起行政诉讼。在诉讼过程中，可以聘请律师维护合法权益。被收容教养人员在少年管教所执行，以教育、挽救为主的教养方式，环境相对宽松，家长可以不分节假日随时会见。根据《少年管教所暂行管理办法》规定，被收容教养人员接见、通信的管理要宽于成年犯，家属可以送少量食品，表现好的可以在节假日或家中发生重大变故时由家属接送回家探望三至五天。

⑩ 未成年人怎样才能改名

★**案说权利**：张海出生于 1996 年 6 月。1999 年 12 月，张海的父亲张博，因为犯贪污罪被法院判处无期徒刑。次年 9 月，张海的父母离了婚。小张海被判给了母亲，随母亲李梅生活。父母离婚后，小张海曾多次到监狱看望父亲，但父亲对他并不亲切，这使得小张海十分难过。他在给父亲的一封信中写道："我和妈妈曾不止一次去看你，可换来的却是你的冷漠。现在在学校里，贪污犯的儿子成了我的代名词，如今我就要升初中，我要求改姓……"于是，2007 年 4 月，小张海以父亲从不关心自己，且父亲犯罪被判处重刑，随父姓给其学习、生活带来较大的负面影响为由，向公安机关提出了要求变更自己姓名随母姓的申请。公安机关收到申请后，依据公安部《关于父母离婚后子女姓名变更有关问题的批复》等有关规定，明确告知张海和李梅，如果要变更姓名，需要征得张海的父亲张博的同意。为了更好地维护小张海的权益，4月11日，公安机关专门安排民警前往监狱征求张博的意见。张博知道此事后，坚决不同意其子张海变更姓名。因此，4月23日，公安机关以书面决定的形式告知张海、李梅，张海目前暂不具备变更姓名的条件，暂不予批准其申请。

蔡显俊：公安部《关于父母离婚后子女姓名变更有关问题的批复》中规定："对于离婚双方未经协商或协商未达成一致意见而其中一方要求变更子女姓名的，公安机关可以拒绝受理；对一方因向公安机关隐瞒离婚事实，而取得子女姓名变更的，若另一方要求恢复其子女原姓名且离婚双方协商不成的，公安机关应予恢复。"公安机关具有对其辖区内公民的户口姓名变更登记进行行政管理的法定职权。我国《婚姻法》规定子女可以随父姓也可以随母姓。《民法通则》第99条规定："公民享有姓名权，有权决定、使用和依照规定改变自己的姓名，禁止他人干涉、盗用、假冒。"张海虽然是限制民事行为能力的未成年人，也的确具备了一定表达自己意愿的能力，但不能以此认定其已经可以行使自己姓名的决定和变更权。张海刚满11岁，其目前生理、心理发育尚不成熟，对社会的认知能力还不强，尚不具备独立行使其姓名的决定权和变更权的能力。公安部《关于父母离婚后子女姓名变更有关问题的批复》，是公安部对于此类问题具体应用法律、法规或规章作出的解释。张海作为未成年人，在未得到其父亲同意的情况下向公安机关申请姓名变更登记，公安机关作出暂不予批准的决定是合法的。

金琴云：《婚姻法》规定，子女随父姓或母姓均可，这是父母双方享有的平等权利。夫妻离婚后，父母一方是否有权变更未成年子女姓名，并无明确规定。从相关法律精神看，未成年人在变更姓名时，必须得到监护人的同意。而未成年人的父母是未成年人的监护人。《婚姻法》第36条规定，父母与子女间的关系，不因父母离婚而消除，子女无论由父或母哪一方直接抚养，仍是父母双方的子女。由此可见，子女姓名变更理应由双方同意。

⑪ 胎儿（遗腹子）有继承权吗

★**案说权利**：许女士的丈夫因病死亡，因财产继承问题与公婆产生了纠纷。最终法院不仅判决许继承一大部分财产，而且判决许女士腹中怀孕的胎儿也保留一部分财产。那么，胎儿为什么也有继承权呢？

蔡显俊 胎儿（即遗腹子），是指被继承人死亡时，他的妻子正怀孕的尚未出生的子女。我国《继承法》第28条规定，遗产分割时，应当保留胎儿的继承份额。如果胎儿出生时是死体，保留的份额应按法定继承程序办理。这一规定说明，胎儿是有继承权的。多年的审判实践也证明，赋予胎儿继承权，对于保护儿童的合法权益，照顾无生活能力的人是十分必要的。

李文彬 人的民事权利能力始于出生，终于死亡。胎儿未出生为什么还要赋予其继承权呢？这是因为胎儿是一个特殊的未来的继承权利主体，他在被继承人死亡前已存在于母体中了。从继承开始以后到分割遗产时，胎儿虽然没有出生，成为现实的权利继承主体，但鉴于继承权基本上是属于一种身份权，胎儿作为死者亲生子女，依法应享有继承权，因此，为保护胎儿的合法权益，法律为他虚设了主体位置，保留他应继承的份额，是符合我国养老育幼的优良传统的。但是，继承法赋予的胎儿继承权是有附加条件的。在分割遗产时，为胎儿保留遗产份额，也就是把胎儿拟制为享有特留份额的权利人。保留的应继份额的数额，通常应理解为以能够满足该胎儿出生以后，至独立生活时为止的生活必需为原则，同时也要考虑到被继承人遗产的数额，其他继承人的劳动能力和生活来源等情况。在分割遗产时，应当为胎儿保留应继承份额，是继承人应当承担的法定义务。如果继承人在分割遗产时没有为胎儿保留应继份额，或者为胎儿保留的遗产数额过少，则应从继承人所继承的遗产数额中，按比例扣回适当的遗产数额，必要时可以由胎儿的监护人诉诸法律，以切实保护胎儿的合法权益。

⑫ 未成年人的财产谁做主

★**案说权利**：刘某和妻子江某在儿子8周岁生日时，共同出资为儿子购买了一套房子，作为儿子将来上大学的投资，房产证上登记的是儿子的名字。4年后，儿子名下的房子升值到100万元，刘某和江某却闹起离婚。身家百万的儿子成了父母争夺的焦点，最终江某胜出，法院判儿子随江某生活，房子亦由江某负责管理。又过了2年，刘某做生意破产需还债，偷偷将儿子的房子卖掉。江某得知后，以儿子的名义诉至法院，请求宣告刘某与第三人签订的房屋买卖合同无效，法院支持了其诉讼请求。

李文彬：未成年人的财产一般由他的监护人代为管理。监护人是指对无民事行为能力或限制民事行为能力的人的人身、财产和其他一切合法权益，负有监督和保护责任的人。根据

《民法通则》的规定，未成年人的父母是未成年人的监护人，未成年人的父母已经死亡或者没有监护能力的，则由其他有监护能力的亲友担任。不管谁担任监护人，都应当积极履行监护职责，保护被监护人的人身、财产及其他合法权益，除为被监护人的利益外，不得处理被监护人的财产。刘某和江某将房产以儿子的名义办理了登记手续，说明该房产双方已赠与给儿子，所有权就属于儿子所有，根据相关法律规定非为被监护人的利益，不得处分。因此刘某变卖儿子的房产还债，系侵权。江某与刘某离婚后，作为儿子的直接监护人，负有管理儿子房产之责，得知前夫侵犯儿子的财产权，依法以儿子的名义起诉，是积极履行监护人管理职责的具体体现，法院判其胜诉，充分维护了未成年人的财产权益。

⑬ 教师能否体罚学生

★**案说权利**：近日，在一所中学，一位女学生因为上课迟到，被教师要求在午休时到操场罚跑圈，她因感觉身体疲惫没有跑。下午上课的时候，教师向全班通报批评时，对这位女生进行了辱骂。下课后，该女生气愤不过，说了一句脏话。这位教师得知后，把她带到教学楼后面的胡同里，揪着她的衣领，对她进行殴打。晚上，该女生住进了医院。

蔡显俊：根据我国的教育原则，教师在教育教学工作中既要严格要求学生，又要尊重学生，绝对禁止体罚或者变相体罚学生。我国《义务教育法》第29条第2款规定："教师应当尊重学生的人格，不得歧视学生，不得对学生实施体罚、变相体罚或者其他侮辱人格尊严的行为，不得侵犯学生合法权益。"上述案例，教师让学生跑圈的这种变相体罚行为，及对她的殴打，明显违反了《义务教育法》的规定。但是，该教师对这名女学生的行为，虽然是个人行为，毕竟是该教师在教育教学的工作中履行职责时发生的，因此该教师行为的后果应由学校承担，包括向该女生赔礼道歉，以及相应的民事赔偿责任。教育部制定、实施的《学生伤害事故处理办法》第9条规定，对"学校教师或者其他工作人员体罚或者变相体罚学生，或者在履行职责过程中违反工作要求、操作规程、职业道德或者其他有关规定"所造成的学生伤害事故，学校应当依法承担相应的责任。然后，学校可以依法对该教师的行为进行处理，《教师法》第37条中的第（二）项和第（三）项规定，对"体罚学生，经教育不改的"或者"品行不良、侮辱学生，影响恶劣的"，所在学校、其他教育机构或者教育行政部门可以给予行政处分或者解聘。

⑭ 非婚生子女是否有继承权

★**案说权利**：20 年前未婚女子张某与有妇之夫王某同居期间怀孕，后迫于家庭压力，二人分手。张某和李甲结婚，婚后 5 个月生下女儿李静。现王某亡故，李静持有关证据材料起诉要求继承王某的遗产。王某的家人对李静与王某之间的血缘关系予以认可，但认为张某和王某同居时李静并未出生，李静是张某和李甲结婚后才出生的，因而，李静无权继承王某的遗产。

李文彬：李甲显然不是李静的生父，那他是否是李静的养父呢？养子女是指因收养关系的成立与养父母形成父母子女关系的子女，养子女的地位是因收养关系的成立而取得的，只有存在合法的收养关系，才能形成养父母子女关系。《收养法》规定收养应当向县级以上人民政府民政部门登记，收养关系自登记之日起成立。可李甲并没有登记收养李静，另外《收养法》规定有配偶者收养子女，须夫妻共同收养，而张某却系李静的生母，不存在收养问题，故李甲不可能成为李静的养父。养子女在与养父母形成父母子女关系后其与生父母的父母子女关系即行消除，养子女只能继承养父母的遗产，无权继承其生父母的遗产。李静不是李甲的养女，也未与他人形成养父母与养子关系，因此其同样享有对生父王某遗产的继承权。

蔡显俊：继子女与继父母之间的关系是一种拟制血亲关系，实质是继子女的生母或者生父与他人结婚，而其生父母之间是否为合法夫妻，该婚姻属初婚还是再婚并不影响其继子女地位的取得。王某与张某系非法同居关系，张某与李甲是初婚，不影响李静与李甲之间继子女关系的成立。继子女不同于养子女，对其生父的遗产享有继承权，李静作为法定继承人有权继承生父王某的遗产。

金琴云：该案的特殊在于李静是张某和王某同居期间孕育的胎儿，其出生则在张某和李甲结婚之后。虽然李静在张某和王某同居期间只是个胎儿，但在张某和李甲结婚后出生的李静，和王某之间的血缘关系没有改变。对于非婚生子女，生父母也有亲权，且该亲权并非需要通过生父母认领才能获得。因王某没有遗嘱，故对其遗产适用法定继承，李静作为其非婚生子女是其法定继承人，有权继承王某的遗产。

⑮ 父母能否代未成年子女订立婚约

★**案说权利**：吕某（女）与葛某（男）系同一村人，自幼在一起读书。进入初中学习阶段，吕某与葛某进校回家同来同往，关系显得密切，双方的家长打心眼里高兴。于是葛某的父母托人说合，给吕某与葛某订下了"娃娃亲"。2006年，吕某与葛某高考均名落孙山。葛某扛起行李欲南下打工，吕某欲复读再高考，可双方的父母却以婚约为由，提出让二位年轻人先圆房。吕某拒绝，并撕毁婚约。葛某认为双方有约在先，且因婚约花费了很多钱，称吕某毁约就得赔钱。无奈，吕某走上了法庭，寻求法律保护。

李文彬：所谓婚约是指父母为子女预定婚事的行为。它分为两种，一种是"娃娃亲"，即为未成年子女订立的婚约；另一种是为成年子女订立的婚约。在封建社会里，父母一旦为子女订立了婚约，子女到了适婚年龄以后，不管愿不愿意都要履行婚约。但在现代社会，婚约通常不具法律上的拘束力。《婚姻法》既不禁止成年两性为婚姻预约，也不保护婚约。也就是说，如果一方决定解除婚约，无须征得对方同意，也不需要经过任何法定机关的准许。《婚姻法》对婚约持中立态度，主要是针对成年人而言。而《未成年人保护法》则明文禁止父母为未成年人订婚。该法第 11 条规定："父母或者其他监护人不得允许或者迫使未成年人结婚，不得为未成年人订立婚约。"第 12 条又规定："父母或其他监护人不履行监护职责或者侵害被监护人的未成年人的合法权益的，应当依法承担责任。"可见，父母为未成年人订立婚约实际上是一种违法行为，这种行为侵害了未成年人的合法权益。对此可视情节轻重，给予相应的法律制裁。

🔖 **蔡显俊**：我国法律之所以对父母为未成年人订立婚约的行为不予保护，是因为未成年人订婚有着许多不符合社会行为规范的弊端：（1）父母为未成年子女订立婚约，剥夺了未成年人将来恋爱自由和婚姻自由的权利。结婚必须是男女双方完全自愿地结合，订婚是为结婚而做准备的，也理应双方完全自愿。父母为未成年人订立婚约实质上是父母把他们自己的意愿强加在子女身上。在未成年人身心尚未发育完全，对恋爱婚姻问题认识尚不深刻的情形下，由父母或者其他监护人按照自己的意愿为未成年人订婚，根本谈不上未成年人对婚姻的自由和自愿，是一种违反婚姻自由原则的包办婚姻行为。（2）导致早婚或未婚先孕的不良社会现象及违法婚姻行为的发生。十六七岁的未成年人正处于青春期，过早的体验性生活不仅影响其正常生长发育，还将对其成年后的幸福生活带来障碍，甚至有的还会变成性随便者，对人生持不负责任的态度，这对家庭、社会都可能构成不稳定因素。（3）父母为未成年人订婚直接影响未成年人的学习和进步。未成年人正处于求学求知的重要阶段，他们应当和同龄人一样快乐而无忧无虑地生活学习。但父母为他们订立婚约会给未成年人的学习投下阴影，影响他们的学习积极性和自觉性的发挥，阻碍未成年人的成长。（4）导致民事纠纷增多。婚约一经形成，男女双方通常就开始不断地向对方家庭赠送各种财物。一旦撕毁婚约，势必会造成民事纠纷。综上所述，未成年人的父母不得为未成年人订立婚约。如果未成年人订立了婚约或者未成年人父母代替其订立婚约，这种婚约是没有法律效力的，任何一方均有权不承认或解除这种婚约，无须征得对方同意。本案中，吕某完全有权解除婚约，无须征得葛某和其父母的同意，同时无须因婚约的解除承担任何责任。

16 离婚后随一方生活的未成年子女侵害他人，为何另一方也要赔偿

★**案说权利**：阿江和阿红系广西老乡，二人同在广东一私人企业打工，双方在工作当中通过互相了解，于1995年结婚，婚后第二年生下儿子小涛，小涛活泼好动又淘气，是个人见人爱的孩子。在婚后三四年时间里，夫妻恩爱，日子过得比较甜美。但随着阿江升上主管后，二人的日子就变得不平静了，阿江经常夜不归宿，在外鬼混，阿红为此伤心欲绝，在多次苦劝无效后，阿红提出离婚。后二人经协议，于2004年办了离婚手续。根据离婚协议，小涛由阿红负责抚养。阿江出于内疚，主动提出负责小涛的全部生活费和教育费用。离婚后，阿红不再在广东打工，带小涛回老家生活。2005年4月的一天，小涛与同村上的孩子萧某玩耍时，用弹弓打中萧某的一只眼睛，经医治，用去医疗费用1.3万元。当时由于阿红的母亲也患心脏病住院，花去阿红的全部积蓄，并已借了2000多元的债。阿红东讨西借仅帮萧某付了

3000 元医疗费。为此，阿红打电话给阿江，叫阿江帮付这剩下的 1 万元医疗费，阿江则认为自己已负责小涛的全部生活和教育费用，小涛由阿红负责抚养，小涛打伤别人，是阿红管教不严的责任，这 1.3 万元的医疗费理应由阿红负责，所以拒绝了阿红的要求。萧某的父亲经多次追讨未果，诉至法院。法院经审理，认为小涛虽然由阿红负责抚养，阿江也负责了小涛的生活和教育费全部，但阿红独立承担 1.3 万多元医疗费确有困难，作出了责令阿江承担赔偿萧某医疗费 1 万元的判决。

蔡显像：《婚姻法》第 36 条规定：父母与子女间的关系，不因父母离婚而消除。离婚后，子女无论由父或母直接抚养，仍是父母双方的子女。离婚后，父母对于子女仍有抚养和教育的权利和义务。离婚后，哺乳期内的子女，以随哺乳的母亲抚养为原则。哺乳期后的子女，如双方因抚养问题发生争执不能达成协议时，由人民法院根据子女的权益和双方的具体情况判决。第 37 条规定：离婚后，一方抚养的子女，另一方应负担必要的生活费和教育费的一部分或全部，负担费用的多少和期限的长短，由双方协议；协议不成时，由人民法院判决。关于子女生活费和教育费的协议或判决，不妨碍子女在必要时向父母任何一方提出超过协议或判决原定数额的合理要求。

金琴云：《最高人民法院关于贯彻执行〈中华人民共和国民法通则〉若干问题的意见》第 158 条规定：夫妻离婚后，未成年人侵害他人权益的，同该子女共同生活的一方应当承担民事责任；如果独立承担民事责任确有困难的，可以责令未与该子女共同生活的一方共同承担民事责任。该案中，阿江和阿红离婚后，阿江主动负责了小涛的生活和教育费全部，小涛由阿红负责抚养，小涛打伤萧某，责任应该由负责抚养的阿红承担，但阿红独立承担 1.3 万多元医疗费确有困难，法院作出责令阿江承担赔偿萧某医疗费 1 万元的判决是正确的。

⑰ 校园人身伤害，学校担责几何

★**案说权利**：安阳市龙安区东风乡老庄中心校麻鞋店分校是一所全日制小学。2004 年 10 月 14 日校园内发生一起学生人身伤害事故，当日上午 6 岁的高某按学校要求到校打扫卫生，同天值日的 8 岁的李某让高某清除垃圾，由于高某未听见，李某就上前猛推了高某一把，不慎将高某推翻在地，后经诊断高某鼻梁骨骨折。高某为此花去 2444 元。由于在赔偿方面，高某、李某、学校难以达成一致意见，高某诉至法院。高某认为造成自己受伤李某和学校负有责任。李某辩称：我并不是故意的，不应承担主要责任。学校则辩称：学校对学生加强了安全教育，造成高某受伤，责任不在学校，学校不应承担主要责任。法庭上三方辩论激烈，辩论的焦点最后集中在"是否应承担责任"和"责任如何分配"。法院认为李某由于过失致人损害，应由其监护人承担主要赔偿责任；6 岁的高某属无民事行为能力人，在学校安排的活动中受到伤害，学校工作存在失误，应承担适当的赔偿责任。最后，三方在主审法官耐心细致调解下达成和解协议：由李某和麻鞋店分校一次性分别赔偿高某各种费用 1600 元和 400 元。

李文彬：根据《最高人民法院关于贯彻执行〈中华人民共和国民法通则〉若干问题的意见》（以下简称《民通意见》）第 160 条规定：在幼儿园、学校生活、学习的无民事行为能力人或者在精神病院治疗的精神病人，受到伤害或者给他人造成伤害，单位有过错的，可以责令这些单位适当给予赔偿。依据这条司法解释的要求，校园伤害案件中学校要承担责任必须具备四个条件：（1）当事人必须是无民事行为能力人即 10 岁以下的未成年人。（2）当事人是在学校管理的范围或组织的活动中受到伤害。（3）学校有过错。（4）当事人受到伤害与学校的过错之间有因果关系。上述四个要件中，关键是当事人是在学校管理的范围或组织的活动中受到伤害。那么学校承担责任的范围如何界定呢？在学校实施的教育教学活动或者学校组织的校外活动，以及在学校负有管理责任的校舍、场地、其他教育设施、生活设施以内发生的，造成在校学生人身损害后果的都可认定属于学校承担责任的管理范围。接下来的问题是怎么认定学校有过错呢？首先必须明确的是学校对在校学生承担什么样的义务。学校作为实现教育职能的公益机构，他对学生仅负有教育、管理义务，而非监护义务，他不可能对在校生的一切行为负责。在校园人身损害赔偿纠纷中，只有学校未尽到对学生的教育、管理义务，学校才承担责任。如由于学校的教育设施、体育器材存在安全隐患导致学生人身损害，或学生食堂学生食物中毒，又或学校组织的校外活动中学生身体受到损害等等，都可认定学校存在过错。只不过针对教育对象的不同而管理、教育义务程度不同，学校对无民事行为能力人，限制民事行为能力人和完全民事行为能力人的注意义务程度是不一样的。结合本案，8 岁的高某属无民事行为能力人，按照学校要求到校打扫卫生受到伤害，显然属于学校的管理范围。学校组织的打扫卫生活动，应该有老师或管理员在场，而当时的情况学校显然没有这样做，在管理上存在漏洞，当然存在过错。以此推理，学校对高某的人身伤害，当然应承担责任。

金琴云：依据我国对未成年人保护立法的目的，对未成人的保护强调的是三重保护，即学校、家长和社会的保护。学校对学生承担的只是管理上的责任，而不是监护责任。把责任都归咎于学校是不适宜的，也不符合立法的本意。在本案中，李某作为致害人，也是无民事行为能力人，其行为后果应由法定监护人即父母负责。《民法通则》第 133 条规定：无民事行为能力人造成他人损害的，由监护人承担民事责任。李某的行为是致使高某受到伤害的直接原因，所以李某的父母应承担主要的赔偿责任；而学校在管理过程中存在过错，也应承担适当的赔偿责任。

18 校外辅导班学生出事故，责任谁担

★**案说权利**：快乐钢琴学习室系彭应辉、刘菊、张慧三人合伙开办。2003年8月31日11时许，在该室学习钢琴的8岁女孩秦娴，到水文站宿舍坪场和几个小孩追逐玩耍，被年仅5岁的女孩龙倩洁推下几米高的保坎而受伤。经法医鉴定，秦娴因坠落地面造成左下唇贯通伤和左桡骨下段骺离骨折构成轻伤，并构成10级伤残。其先后到湘西州人民医院、中南大学湘雅二医院进行住院检查治疗，用去治疗费8880.1元，加上伤残生活补助费等各项损失共计22985.3元。因对此次事故责任双方协商未果，受害人秦娴诉至人民法院。本案经法院审理认为，龙倩洁将秦娴推下坎致伤，应负主要责任，考虑她是无民事行为能力人，可减轻责任，其所负责任由法定代理人承担，判处其负60%责任。快乐钢琴学习室是学生练琴学习的地方，虽然租用的是二楼，但楼下坪场是学生出入的必经之路，出事地点在水文站院子内，是在学习室管辖范围内，且案发时间是属学习室管理时间内。学习室在管理上有失职行为，

应负事故的次要责任，判处由开办钢琴学习室的合伙人彭应辉、刘菊、张慧承担30%责任，并负连带责任。受害人秦娴因在不安全的地方玩耍造成受伤，监护人未尽到监护职责，遂判处余下10%责任由受害人的监护人自行承担。

蔡显俊：目前，社会上举办的各种美术、音乐、奥数等兴趣特长培训班比比皆是。培训班的举办者往往忽视安全教育，一旦酿成学生人身伤亡事故，损失惨重，相关负责人就相互推诿责任。就本案来讲，受害人秦娴和直接侵害人龙倩洁均是未满10周岁的无民事行为能力人，发生事故的地点是在快乐钢琴学习室管理的范围，事发的时间为学习室管理时段之内。根据我国法律规定，双方当事人应承担的民事责任是清楚的，第一，直接侵害人龙倩洁应负此次事故的主要责任，由于其系无民事行为能力人，依据《中华人民共和国民法通则》第133条第1款规定"无民事行为能力人、限制民事行为能力人造成他人损害的，由监护人承担民事责任。监护人尽了监护责任的，可以适当减轻他的民事责任"所以龙倩洁应承担的民事责任由其监护人承担。第二，快乐钢琴室这一类校外辅导班的举办者应否承担民事责任，一直是社会争论的热门话题。《最高人民法院关于贯彻执行〈中华人民共和国民法通则〉若干问题的意见（试行）》第160条规定："在幼儿园、学校生活、学习的无民事行为能力人或者在精神病院治疗的精神病人，受到伤害或者给他人造成损害，单位有过错的，可以责令这些单位适当给予赔偿。"本案中，学习室的辅导疏于教育管理，致使龙倩洁将秦娴推下几米高的保坎而受伤。因此快乐钢琴学习室存在一定的过错，应负本案的次要责任。由于该钢琴学习室是由彭应辉、刘菊、张慧合伙开办的，该三合伙人对其过失行为应负连带责任。第三，受害人秦娴应负适当责任，在本案中也合乎情理。虽然秦娴为无民事行为能力人，但当时已满8周岁，具有一定的识别能力，在不安全地方玩耍导致事故发生，对此次伤害事故应自负一定责任。根据《民法通则》相关规定，应当由其监护人承担，人民法院在处理本案中，坚持了以事实为根据，以法律为准绳的原则，事实清楚，是非责任明确，裁判公正合理。

⑲ 恨学生偷钱不争气　学古人脸上刺红字

　　★**案说权利**：闽子是小学六年级学生，生性顽皮，班主任韩老师很不喜欢他，在班级上体育课时，闽子偷偷溜回教室将同学文具盒里的 10 元钱拿走。当同学把这件事情告诉韩老师后，韩老师非常生气。她想到了古代的刺字刑罚。于是她找来椎针在闽子的左脸颊上刻了个"贼"字，刻完后还涂上红墨水，看上去非常醒目。闽子自从脸上被刻了字以后，同学都管他叫"贼娃子"，而且在走路和上课时都要捂住左脸，闽子性格变得内向起来。闽子的家长知道后，非常气愤，认为韩老师的行为触犯了刑法，遂向公安机关报案，经法医鉴定，闽子所受伤害为轻微伤。

　　🐷**法援兄陈维权**：侮辱罪，是指以暴力或者其他方法，公然贬低、损害他人人格，破坏他人名誉，情节严重的行为。情节严重，一般是指手段恶劣、后果严重的情形。例如本案中，班主任韩老师在闽子的脸颊上刻字的行为主观上存在故意，严重侵犯了闽子的人格尊严，属于手段恶劣、后果严重的情形，完全符合侮辱罪的构成要件。我国《刑法》第 246 条规定：犯本罪，告诉的才处理，但是严重危害社会秩序和国家利益的除外。"告诉才处理"，是指被害人告诉才处理。如果被害人因受强制、威胁无法告诉的，人民检察院和被害人的近亲属也可以告诉。因此，闽子的家长及其本人可以诉诸法律，要求法院依法追究韩老师的刑事责任，同时承担民事责任。

法妹红霞：这让我想起了网络上热炒的"上课违纪老师罚学生脱裤子跑步、让两个女生来监督"的照片，三个小男孩，看上去只有七八岁，他们的裤子都退到膝盖部位，只剩下内裤，在操场的跑道上跑步。脱下裤子，在学校操场上跑步，旁边还站着两个女生"监督"。据了解，三个男孩是因为不遵守课堂纪律，受到老师如此"惩罚"。目睹此景的网友拍下照片，发到网上。看到照片后，网友们都震惊了。其实，这个老师的处理手段极其不当，如果对学生造成后果严重的生理、心理影响，那么也构成了本罪。所以，同学们应该学法用法，拿起法律的武器来维护自己的正当权利。

小 Tip

侮辱罪，是指使用暴力或者以其他方法，公然贬损他人人格，破坏他人名誉，情节严重的行为。根据我国刑法规定，犯侮辱罪的，处 3 年以下有期徒刑、拘役、管制或者剥夺政治权利。侮辱他人的行为，只有达到情节严重的，才以犯罪论处。一般侮辱行为，情节轻微的，不以犯罪论处。《中华人民共和国治安管理处罚法》第 42 条第（二）项规定："公然侮辱他人或者捏造事实诽谤他人的，处五日以下拘留或者五百元以下罚款；情节较重的，处五日以上十日以下拘留，可以并处五百元以下罚款。"

附　录

本书中收录的未成年人犯罪案件，都是发生在生活当中的真实情景。其中一名初三学生就因为与同学发生口角，一气之下，拔刀相戳，夺走了同学的生命。台州市检察院青年检察官们在"送法进校园"活动中，以模拟法庭的形式，再现了这起未成年人故意伤害致死案件的法庭审理过程。演出相当成功，人物表现惟妙惟肖，令观看的师生深受教育和感动。现将剧本转载于下，供读者参考：

模拟法庭情景剧

——吴焱故意伤害他人致死案件庭审实录

人物：

1. 审判长：王芳，陪审员：杨平、许毅
2. 公诉人：张正义、潘洁
3. 辩护人：陈敏燕（滨海县振兴律师事务所律师）
4. 诉讼代理人：杨光（滨海县阳光律师事务所律师）
5. 书记员：张燕燕
6. 被告人：吴焱，父亲：吴华，母亲：李梅芳
7. 被害人：许文博，父亲：许大发，母亲：张美丽
8. 证　人：王学英（滨海县一中班主任）

基本案情：

在东海省滨海县一中就读的初三学生被告人吴焱自初一下半学期开始遭受同班调皮同学的欺负，许文博就是其中之一。2010 年 12 月 13 日晚自习前夕，该校初三（1）班教室里，第一排第一桌的许文博故意坐在第四排第一桌吴焱的课桌上，吴焱多次要求许文博下来，许文博坚持

不下，双方在推搡过程中，吴焱的课桌被推翻，吴焱生气。随后许文博到讲台上拿来戒尺殴打吴焱，吴焱言语警告未果，遂上讲台用拳狠狠打击投影布以示愤怒。接着，许文博回到自己的座位上再拿来后桌同学的餐巾纸，每抽一张餐巾纸擦一下鼻子揉成一团扔向吴焱，扔了十余张，直到餐巾纸扔完。其间，许文博视吴焱的愤怒于不顾。当晚6时许，吴焱从同学处取回之前出借的弹簧跳刀，到许文博的座位前猛刺其前胸一刀，许文博被刺后逃到教室后面，随后被刚来教室的班主任王学英发现夺下弹簧跳刀，许文博同时被送往医院抢救，终因抢救无效，于2011年2月8日死亡。经法医鉴定，许文博左胸贯通伤，左肺破裂，心脏破裂后继发多脏器功能衰竭死亡。许文博住院58天，共用去医疗费人民币36万余元。

场景：

书记员：下面先宣布法庭纪律：（一）未经许可不得记录、录音、录像、摄影、转播庭审实况；（二）不得随意走动和进入审判区；（三）不得发言、提问；（四）不得吸烟；（五）携带寻呼机、手机的不得开机；（六）不得鼓掌、喧哗、哄闹和实施其他妨害审判活动的行为。

对于违反法庭规则的人，审判长（审判员）或值庭司法警察，应警告制止，不听劝告者，可没收记录、录音、录像、摄影器材或责令退出法庭，或者予以罚款、拘留，直至依法追究刑事责任。旁听公民如对法庭的审判活动有意见，可以在闭庭后书面向本院提出。

请公诉人、附带民事诉讼原告人及其诉讼代理人、辩护人、法定代理人入庭。

（公诉人排队等入庭）

书记员：请审判长 人民陪审员入庭。

（审判长、人民陪审员等入庭。）

书记员：报告审判长，庭审准备工作就绪，可以开庭。

审判长：在开庭前，在此谨向已故被害人许文博表示沉痛的哀悼，希望被害人许文博父母节哀。

请全体坐下。

审判长：（敲法槌）现在宣布开庭，带被告人吴焱，请法警将戒具打开。

（法警打开戒具）

被告人吴焱，滨海县人民检察院的起诉书有无收到？收到多少天了？

被告人：将近两个月了。

审判长：起诉书首部罗列你的出生年月、文化程度、家庭住址等身份情况对否？

被告人：对的。

审判长：被告人吴焱，附带民事诉状有无收到？

被告人：收到了。

审判长：法定代理人报告一下自己的身份。

法定代理人 1：吴华，男，1969 年 6 月 20 日出生，身份证号码：532601196906206721，汉族，小学文化，个体工商（无营业执照），住东海省滨海县小石镇太阳村 1 区（系被告人的父亲，已到庭）。

法定代理人 2：李梅芳，女，1969 年 7 月 21 日出生，身份证号码：532601196907215606，汉族，小学文化，个体工商（无营业执照），住东海省滨海县小石镇太阳村 1 区（系被告人的母亲，已到庭）。

审判长：吴华、李梅芳，你们的委托辩护律师是否包含附带民事辩护？

法定代理人 1、2：包含的。

审判长：刑事附带民事诉讼原告人（以下简称附原）报告自己的身份。

附原 1：许大发，男，1972 年 2 月 18 日出生，身份证号码：532601197202182601，汉族，小学文化，打工，住东海省滨海县南山区所前镇山下村（系被害人的父亲，已到庭）。

附原 2：张美丽，女，1976 年 5 月 28 日出生，身份证号码：532601197605282602，汉族，小学文化，打工，住东海省滨海县南山区所前镇山下村（系被害人的母亲，已到庭）

审判长：许大发、张美丽，你们所委托的诉讼代理人是一般代理还是特别授权？

附原（全部）：特别授权。

审判长：今天，滨海县人民法院少年刑事审判庭依照《中华人民共和国刑事诉讼法》有关法律规定，在此对滨海县人民检察院提起公诉的被告人吴焱故意伤害一案暨刑事附带民事诉讼原告人许大发、张美丽提起的民事赔偿一案进行不公开开庭审理，不公开开庭审理理由，被告人吴焱未满 16 周岁。依照《中华人民共和国刑事诉讼法》第 147 条、第 153 条的规定，本庭由滨海县人民法院审判长王芳，陪审员杨平、许毅组成合议庭，书记员张燕燕担任法庭记录；滨海县人民检察院指派检察员张正义、助理检察员潘洁出庭支持公诉。被告人吴焱的父亲吴华、母亲李梅芳委托滨海县振兴律师事务所律师陈敏燕为被告人吴焱的辩护人，到庭参加诉讼，其父母作为法定代理人到庭参加诉讼，附带民事诉讼原告人许大发、张美丽委托滨海县阳光律师事务所律师杨光担任其诉讼代理人（特别授权）参加诉讼，二名附带民事诉讼原告人亦到庭参加诉讼。

审判长：被告人吴焱，你对上述事项及名单是否都听清？

被告人：听清。

审判长：法定代理人，对上述事项及名单是否听清？

法代（全部）：听清。

审判长：刑事附带民事诉讼原告人，是否听清？

附原（全部）：听清。

审判长：依照《中华人民共和国刑事诉讼法》第 28 条、第 154 条、第 159 条、第 160 条的规定，被告人及其法定代理人、附带民事诉讼原告人在今天的法庭审理中享受下列诉讼权利：

一、有申请回避的权利

二、有举证的权利

三、有辩护的权利

四、有最后陈述的权利

审判长：被告人吴焱，以上各项诉讼权利有无听清，是否需要回避？

被告人：听清，不需要。

审判长：法定代理人，以上各项诉讼权利有无听清，是否需要回避？

法代（全部）：听清，不需要回避。

审判长：附带民事诉讼原告人，以上各项诉讼权利有无听清，是否需要回避？

附原（全部）：听清，不需要回避。

审判长：现在开始法庭调查，先对刑事部分进行法庭调查。首先由公诉人宣读起诉书。

公诉人：（宣读起诉书（详见材料一）。）

审判长：附带民事诉讼原告人，你对起诉书指控的犯罪事实有无异议？

附原1：有啊，他们两个人是闹着玩，怎么会是殴打？

附原2：他还想捅第二刀的，刀是他自己拔出来的，不是老师拔出来的。

审判长：被告人吴焱，刚才公诉人宣读的起诉书有无听清，你对起诉书指控的犯罪事实以及附带民事诉讼原告人的补充有什么意见？

被告人：起诉书指控的犯罪事实是实事求是的。我是完全被怒火冲昏了头，我当时在一怒之下把刀捅了进去。我捅下去的时候自己也完全傻呆了，我完全没有想到捅第二刀。

审判长：起诉书指控你构成故意伤害罪，你是否认罪？

被告人：我认罪。

审判长：对于自动认罪的被告人法庭将予以从轻处罚。鉴于被告人吴焱对指控的犯罪事实无异议，且自动认罪，本庭建议对被告人吴焱适用普通程序简易审。即公诉人在举证时可以视情况列举证据的名称，归纳说明证据所要证明的内容。被告人吴焱，听清楚了没有？同意否？

被告人：听清了，同意。

审判长：公诉人是否同意适用普通程序简易审？

公诉人：同意。

审判长：附带民事诉讼原告人，你们是否同意？

附原（全部）：同意。

审判长：被告人吴焱的法定代理人，是否同意？

法代（全部）：同意。

审判长：辩护人，你是否同意？

辩护人：同意。

审判长：下面由公诉人讯问被告人吴焱。

公诉人：（讯问被告人。）

审判长：下面由公诉人进行举证。

公诉人：（进行举证。）

下面出示物证作案工具弹簧刀一把

审判长：请法警交由被告人辨认。

（法警将刀具交由被告人辨认。）

审判长：被告人吴焱，是不是这把刀？

被告人：对的。

审判长：被告人吴焱，对上述宣读的证据，听清否，有没有不同意见？

被告人：听清。无异议。

审判长：附带民事诉讼原告人，对上述宣读的证据，有没有不同意见？

诉代：我来代原告人发言，公诉人宣读的证据基本上都反映了当时一部分的客观情况，但从具体情况来看，证人证言与被告人的供述之间某些地方有出入，第一个，许文博用戒尺打并不是主要打他的手，是打桌上，可能碰到他的手，第二个，将桌子拉倒，这应该是在推的过程中带倒的，第三个许文博被刺了吴焱还笑，并大喊网络语言，再次打了许文博一下，还比划刀，刀是被老师夺下的，这个事实吴焱自己都是避重就轻，没有认罪的。

审判长：公诉人要否答辩？

公诉人：要的。通过对被告人的供述和相关的证人证言，应该说案发的起因和经过都是非常明朗化的，对于诉讼代理人提出被告人有避重就轻，公诉人对被害人的法定代理人及其诉讼代理人的心情能够理解，但认为被告人避重就轻的说法是不妥的。首先有一个打手的细节，吴焱辩解当时是被许文博打了十几二十几下，是打在手上的，虽然陶星宇看到戒尺是打在桌上而不是打在手上，但也有其他证人证实看到许文博打到了吴焱的双手，而且吴焱还讲你打得这么轻，有本事你打重一点，至于有没有打十几二十几下没有证人证言，有可能是同学没看到这个细节，但完全否认这个细节的证据也是不存在的。对于桌子是带倒还是推倒也是吴焱本人自己的推测，在三番五次的推搡中是有意为之还是无意为之，吴焱的供述也只是他主观的判断，并非是他避重就轻。公诉人在起诉书中也只指控是双方在推搡过程中将书桌推倒，目前许文博已经走了，没有其他证据证明究竟是怎么推倒桌子的。吴焱捅了许文博后又打了他一拳，这也有一个证人讲到，吴焱对于这个细节也没有说得特别清楚，但对于自己如何走过去捅了一刀，对于主要犯罪事实是如实供述的，请法庭注意。

审判长：诉讼代理人，还有问题吗？

诉代：刚才公诉人宣读的证据与被告人的供述之间确有一些差距，能够证明被告人存在不完全的供述。

审判长：辩护人对公诉人出示的上述证据有无异议？

辩护人：没有。

审判长：附带民事诉讼原告人对上述出示的证据有无异议？

附原（全部）：没有。

审判长：两位法定代理人对上述出示的证据有无异议？

法代（全部）：没有。

审判长：附带民事诉讼原告人，要否发问被告人？

附原1：吴焱，你曾经拿了3把刀，班主任帮你上缴了对不对？

被告人：之前在学校害怕别人欺负，我就买了刀具在同学面前玩弄，避免被别人欺负。

附原1：你的班主任一次性缴过你3把刀，是不是？

被告人：是，那是以前的事，我不想被欺负。

附原1：吴焱，那是什么时候的事？

被告人：记不清了，是初三的时候。

附原1：你从初中阶段一直到把许文博捅伤致死一共带过几把刀？

被告人：总共4把刀。

审判长：附带民事诉讼原告人，还有问题吗？

附原（全部）：没有了。

审判长：诉讼代理人，是否要发问被告人？

诉代：需要。

诉代：吴焱，你是怎么握刀的？

被告人：刀头是朝下拿的。

诉代：你捅了他之后，你口中说的网络语言是什么？

被告人：已经记不太清了。

诉代：是什么意思？

被告人：也是骂他发泄的话，具体记不太清楚了。

诉代：你过去用左手拉了他，右手去刺他的，是不是？

被告人：我就走过去用右手直接拿刀捅的，没有用手拉他。

诉代：为什么正好捅他心脏部位？

被告人：我只想教训他一下，他正好侧着身子，没想到正好刺到他的心脏。

诉代：捅了他之后，他已经朝教室后面退了，你为什么还要往前走？

被告人：我看他出血的样子我完全愣了，我就向前走，不知道该怎么办。

诉代：审判长，发问完毕。

审判长：被告人吴焱，就刑事部分是否有证据需要向法庭出示？

被告人：没有。

审判长：附带民事诉讼原告人，就刑事部分有无证据需要向法庭出示？

附原1：我们要求申请证人王学英出庭作证。

审判长：准许，请法警将证人王学英带上法庭。

（证人王学英出庭）

审判长：证人王学英，你的身份情况。

证人：我叫王学英，出生于1975年1月23日，是滨海县一中初三（1）班的班主任。

审判长：下面由附带民事诉讼原告人发问证人。

附原1：王老师，吴焱带刀的事情是不是你先发现的？

证人：对的。有同学向我反映吴焱在课堂上玩刀，所以我把他叫到办公室谈话，让他自己把刀交出来。

附原1：当时一次性从他身上没收了几把刀？

证人：没收了三把。当时我严厉批评了他，问他为什么这样做，他只说同学们欺负他。

附原2：后来你有没有把这件事请和他的家长说过？

证人：有的，我打过两次电话，一次告诉他们带刀的事情，叫他们家长来学校，他们家长说自己很忙。另外还打过一次，他家长不接电话。

法定代理人1：乱说，我只接到过一次电话。

审判长：法定代理人肃静，现在没有叫你说话。附带民事诉讼原告人，你可以继续发问。

附原1：你有没有把这件事向学校反映？

证人：有的，当时校长也叫我和他家长联系，另外我在班级里也和学生们说过不要欺负吴焱。

附原1：我们问完了。

审判长：法定代理人是否需要发问证人？

法定代理人1：需要。王老师，我儿子吴焱平时表现怎么样？

证人：吴焱平时挺内向，话不多，挺遵守纪律的，学习成绩还好。

法定代理人1：你说你们打电话给我说小孩带刀的事情，我记得在电话里你们根本就没说，只说我儿子精神方面有问题啊？

证人：我说过的，你们只说自己忙。

法代2：我儿子在学校受欺负，你们老师都没有管的？

证人：吴焱和我说过同学欺负他，我在班上说的。

审判长：法定代理人还有问题要问吗？

法代：……（沉默）

审判长：公诉人需要发问吗？

公诉人：不需要。

审判长：辩护人需要发问吗？

辩护人：需要。就问一个问题。王老师，你们学校是不是有义务对学生带刀进行管理和教育？

证人：学校是不允许学生带刀的，我们也把刀没收了，也教育过他了。他家长联系不上，不愿来学校。

辩护人：我的发问完毕。

审判长：请证人退庭（证人退庭）。

审判长：法定代理人，是否要发问被告人？

法代（全部）：没有。

审判长：班主任到底有无跟你们说过吴焱带3把刀的事情？

法定代理人1：带刀的情况是没说，就一次打电话说他心理有问题，叫我们带他去看病。

审判长：辩护人，是否需要发问被告人？

辩护人：需要。

辩护人：吴焱，你现在有什么想法？

被告人：我非常后悔，本来在学校好好学习，爸妈对我也很好，现在造成这样的后果，再怎么样都是一条生命啊（痛哭……）

辩护人：许文博欺负你的时候，你怎么想到去同学那里把刀拿回来？

被告人：当时那个时候我已经非常气愤。

辩护人：你为什么不向老师报告？

被告人：我一直比较内向，交流不多，一直都强压在心理，那天晚上一下子爆发出来了，等我反应过来已经来不及了，刀已经刺进去了，我完全不知道怎么办了。

辩护人：审判长，发问完毕。

审判长：辩护人，就刑事部分是否有证据向法庭出示？

辩护人：没有。

审判长：下面由本庭对被告人发问几个问题。

陪审员：被告人吴焱，你在学校受欺负的事情有无告诉你父母？

被告人：没有。他们也很忙，我也不想说。

陪审员：那你在家里和父母交流多吗？

被告人：也不多，我在家很喜欢打游戏，不大和父母说话。

陪审员：你带刀被老师没收的事情有无和你父母说过？

被告人：没有。

审判长：刚才宣读、出示的刑事部分证据，经当庭质证，被告人吴焱及辩护人均无异议，本庭予以确认。刑事部分法庭调查结束，下面进行民事部分法庭调查，由刑事附带民事诉讼原告方宣读诉状。

诉代：（宣读诉状，要求赔偿原告方各项经济损失共计人民币76万元，包括医疗费、死亡赔偿金、丧葬费、冷冻费、交通费、补助费、护理费等。）

审判长：被告人吴焱，对宣读的诉状，是否听清，有无异议？

被告人：听清。

审判长：有无意见？

被告人：由我律师讲。

辩护人：对合理部分没有异议。对死亡赔偿金、丧葬费、医疗费、伙食补助费、护理费都无异议。冷冻费由于时间比较久，是否合理由法院定夺。对误工费有异议，已经算了护理费，小孩不存在误工的问题，精神抚慰金不合理，对于合理部分应承担责任。本案的责任应由学校承担，毕竟被告人是在校读书期间，监护权应该转移到学校，学校管理方面存在过失，夜自修老师应该到教室，如果老师在教室，本案也许不会发生，学校有重大责任，所以应由学校承担相应的责任，被害人也有一定的过错，在责任分担上应该依法予以确定。

审判长：下面由刑事附带民事诉讼原告方举证。

诉代：（出示户口本、治疗发票等。）

审判长：被告人吴焱，对出示的上述证据有无意见？

被告人：没有。

审判长：被告人的辩护人有无意见？

辩护人：没有。

审判长：民事部分法庭调查结束，下面进行法庭辩论。先由公诉人就本案的定罪及量刑问题发表公诉意见。

公诉人：（发表公诉意见。）

审判长：下面由附带民事诉讼原告人发言。

附原1：他没有将人刺伤之前被老师缴了3把刀，班主任打电话给他父母亲，她父母亲理都不理，他在学校里一次性带了3把刀，这是没有前科吗？

审判长：公诉人讲的前科是由法律规定的，前科是指前面犯过罪的，附带民事诉讼原告人，还有无补充？

附原（全部）：没有了。

审判长：下面由附带民事诉讼原告人的诉讼代理人发言。

诉代：（发表意见。）

审判长：下面由被告人吴焱自行辩护。

被告人：（发表意见。）

（法警将忏悔书交给法庭。）

审判长：吴焱，你对许文博的父母有什么要说得吗？

被告人：（向许文博父母鞠躬）你们是否能够原谅我？我在这里向你们作出郑重承诺，以后出去后那一条生命的代价我无法偿还，我只能肩负起许文博的全部责任。

附原1：他父母一直都不来看，我向校长保证过他过来我不骂他一句，我会客客气气地跟他说，他来过三四次，后来他拿 2000 元说给我儿子买东西吃，我说我不要，只要把我儿子命救回来，哪怕是植物人，我也不告你儿子了，都是小孩子，后来我叫他找医生，他就来都不来了。

审判长：下面由被告人吴焱的法定代理人发言。

法定代理人 1：当天晚上我们不在滨海，回来就差不多晚上十点了，他们叫我去借钱，过了几天过去，大概去了四五次，是他们说不要来。

附原 1：审判长，在元旦的时候，我给刑警打电话叫他出来拿钱交费，他说去别的地方了，一分钱不出，现在我儿子都没有了叫我们怎么办。

审判长：法定代理人，你儿子的行为导致许文博生命消失的情况，你们有什么话要对许文博的父母讲吗？

法代 2：赔偿的钱能借的话我尽量多借一点。

审判长：由被告人吴焱的辩护人发言。

辩护人：（发表辩护意见。）

审判长：辩护人对民事部分有无补充意见。

辩护人：有……

审判长：被告人吴焱，有无补充？

被告人：我父母有钱会多赔点的。

审判长：法庭辩论到此终结。下面由被告人吴焱作最后的陈述。

被告人：我想对爸爸妈妈说，我真的对不起你们，你们对我这么好，我却犯下这样的错误，现在事情毕竟已经发生了，给对方造成如此巨大的伤害，我不知道你们怎么想，作为儿子的我，无论未来的命运是什么，我都是他们的好孩子，谢谢。平时跟爸妈跟老师没有好好地沟通，被同学欺负了两年多，那天我是完全地愤怒了，仿佛一切都是灰的，都失去了意义，本来我跟许文博两个人现在都应该结束初中的生活，安心地过暑假迎接高中生活，由于我的过错许文博离开了人世，我在羁押的七个多月的时间里经过民警的教育和我的学习，我学到了许多法律知识，知道了我的行为对社会对他父母的影响，但这一切已经不能挽回了。

审判长：现在宣布休庭，由合议庭进行评议，评议结果待合议庭评议后公开进行宣判。将被告人吴焱带下法庭。

现在休庭。（敲击法槌）

审判长：（敲击法槌）现在继续开庭。传被告人到庭。（法警带被告人到庭）

审判长：合议庭进行合议后，现对被告人吴焱故意伤害一案进行公开宣判。

书记员：全体起立。

（审判长宣读 2011 滨少初字第 29 号刑事附带民事判决书。）

审判长：被告人吴焱，对上述判决内容，听清否？

被告人：听清。

审判长：依照《中华人民共和国刑事诉讼法》等有关规定，如不服本判决，可在接到判决书的第二日起十日内，通过本院或者向滨海市中级人民法院提出上诉，书面上诉的应当提交上诉状正本一份，副本四份。

审判长：宣判到此结束，下面进行法庭教育。

书记员：全体请坐。

审判长：吴焱，每一次在法庭上看到像你这样本应该坐在课堂聆听老师教诲的孩子，坐到被告席上，我们都深深地感到痛心和惋惜；因为你的一时冲动，不仅给许文博家人造成了巨大的伤害和痛苦，也给自己的人生带来了无法弥补的后果，你将为自己的行为背负上法律的责任。世界上没有后悔药吃，做错了事就必须承担后果，但知错能改善莫大焉，你现在还很年轻，还有很长的路要走，这次的错误只是你人生中的一个分岔，而不是你人生的全部。希望你以此为戒，在做任何事情的时候，都要三思而后行，不要让一时的愤怒蒙蔽了你的心智，伤害了别人，也伤害了你自己。吴焱，由于你是未成年人，我们对你作出了从轻处罚，生命对于每个人都只有一次，如何度过这段有限的时光，需要靠自己的选择，我们也相信你会反思自己的行为，在以后的人生中，尊重法律、珍惜生命。

公诉人：今天，公诉人的心情是沉重的，站在法庭上的是一位品学兼优的花季少年，本该和同学一起上课、一起玩耍的，本该在父母身边享受天伦之乐，本该有幸福的生活和美好的前程，用被告人自己在忏悔中所说的，我们本来可以开开心心地过暑假的，但是一切都没了，都晚了，因为被告人一时冲动，导致了一个年轻生命的消失，两个家庭的毁灭，如果被告人在被欺负时，学会忍让，或及时向同学、老师求助，如果学校在知道被告人带刀时及时介入，进行教育，如果被告人父母平时多挤出些时间关心孩子的身心健康，如果本案被害人尊重同学，以礼待人，我想就不会发生惨案，但是，现实生活中没有如果，公诉人也不希望在案发后再来讲如果，痛定思痛，逝者已矣，既然事情已经发生，公诉人在此希望被害人家属能节哀顺变，尽早从悲痛中走出来，希望被告人反省自己的行为，能大彻大悟，积极改造自己，争取早日重返社会，做一个对社会有用的人，就像被告人自己说的，希望能照顾被害人父母，公诉人希望你能兑现自己的诺言，在此，公诉人还希望学校多关心学生的身心健康，为国家、社会培养出心智健全、道德高尚的栋梁之才，希望普天下的父母多给孩子一份爱，多一份关怀，最后，公诉人希望在座的各位同学能以此为鉴，学会宽容、学会尊重、学会帮助，不要再让这样的悲剧在我们的身边发生，谢谢！

辩护人：刚才审判长和公诉人都对你进行了法庭教育，言辞恳切，我相信你已经深有触动。从判决结果来看，可以看出法庭本着挽救和教育原则，对你作出了从轻处罚。我这些天和你接触，你说你作案后整夜不能入睡，我也深切体会到了你的后悔，但是再后悔，也不可能让许文博复生，除了接受法律惩罚外，对你而言，更重要的是如何调适心态，走好接下来的人生道路。辩护人要说的有两点：

一是要学会情绪管理。正如我相信你今天的悔恨是真的，我也相信在你用刀刺许文博时，你心中真实的愤怒；不光是你，我们每个人都会遇到可气、烦恼、愤怒的人或事，在这种时刻，作出的举动往往是不慎甚至后果严重的，在情绪愤怒时你一定要先冷静下来，慢慢思考解决的方法。

二是要开放心胸。在审阅这个案卷时，和公诉人一样，我曾设想过无数个如果，如果那个时候你可以将心中的烦恼找人倾诉，如果你的父母可以在你屡次带刀的时候引起重视，如果你的老师能够早点和你谈心交流，只要你的心理能够得到适当疏导，惨剧就不会发生。希望吴焱以后要开放心态，多和他人交流沟通，要学会倾诉、求助，这样才不会让怨气堆积，到达罪恶的临界点。现在吴焱要入狱服刑了，建议吴焱的父母、师长也能够加强和吴焱的交流沟通，陪伴他走过这段特殊的时期。

最后，我要送给吴焱一句话：无论你的过去多么糟糕，未来仍然是纤尘不染，不要让昨日的碎片开启新的一天，要让每一天都成为一个新的开始。放下包袱，好好改造，未来才是最重要的。

审判长：现在闭庭。（敲击法槌）

（被告人吴焱核对笔录后被押回看守所。）

（编剧：叶文婷

主要演员：审判长　左袁靖

公诉人　张国宏

辩护人　杨　颖）

"青春法律防线"论坛：

论青少年"社会场"的形成及引导

王建华　冯泽云

　　把"社会"当做一种"场"来认识是"经济学社会场论"的发明。所谓青少年"社会场"，即指青少年中自发形成的一种不定型的群体结合形式。有人称它为"朋友圈子"，其实它是一种人群的自然结合。具有内在的"向心力"，这种无形的"社会场"之所以存在，首先是由人类的社会性决定的。法国作家大仲马曾说："每一个人，从最高阶级到最低阶级的人，在社会生活的阶梯上都有他的位置，在他的周围，聚集着一个利害相关的小世界。是由许多乱跳乱蹦的原子组成的……"①人类大社会就是由这些不同的类似磁场的"社会场"组成的复杂的有机整体。其次，"社会场"的存在还受人的心理因素支配，人的这些心理因素是：

　　1. 信息沟通欲望。人有着非常强烈的求知欲，一个人往往不会满足于自己的感觉器官所接收到的限量的直接信息，还要借助于其他途径去获取更多更广泛的间接信息。"社会场"能够为传递这些间接信息起无所不包的交流作用。它是一个人了解别人，了解社会的重要"窗口"。通过这个"窗口"，人们可以得到官方和非官方甚至是个人隐私的信息。青年人的爱情秘密和有关性方面的知识也往往是在自己的"社会场"中得到的。因此，"社会场"从人的少年时代起就有着巨大的魅力。

　　2. 情绪沟通欲望。喜怒哀乐，人之天性，一个人有了高兴和快乐之事总喜欢和大家分享，有愤怒和悲哀之感，也有一个发泄的愿望。人有情绪总得发泄，就是消极的发泄，只有释放出来才能得到心理上的平衡。"社会场"能为此提供可能和条件，它起着沟通个人与个人，个人

---

　　① 引自《基度山伯爵》。

与集体感情的作用。由于"社会场"富有感情色彩，因而人们在这里既可以理解别人，又容易得到别人的理解。因而，这样的"场"常常为青少年所接受。

3. 平等相处欲望。人总有自己的自尊心，这种自尊心决定着人们愿意与平等对待自己的人在一起，使自己的内心活动和情感得到自由表现。"社会场"能提供表现自我的机会和享受平等的权利。

4. 集体感满足欲望。"社会场"还有一个能满足个人的安全感、归属感以及反孤独需要为内容的集体感的功能。意识到自己是集体的一个成员，心理上就有所归属，行动就有力量。这可能是受氏族部落原始思维方式所影响的缘故。

美国著名心理学家亚伯拉罕·马斯洛将人的基本需求分为五个层次，从低到高依次为生理的需求、情感与归属的需求（亦称社交的需求）、尊重的需求和自我实现的需求。① 总之，人是一个有感觉、有情绪、能思维的高级动物，都希望得到尊重与关爱，感情与归属上的需求比生理上的需求来的细致。人自从生理、心理发育正常、健全的幼儿时期起，便有一个向往群体生活和归属的愿望，心理学上称之为"趋群心理"，"社会场"就是在这种心理支配下形成的。

青少年"社会场"在农村以各种兄弟会、拳帮等形式出现；在城市则以各种读书会、同学会或其他小团体等形式出现。根据其交往的目的和动机，我们可将其分为友谊型、学习型、反社会型。

友谊型，它是以相互倾慕和友爱的感情为基础，通过交往逐步形成的。成员彼此有着牢固而深厚的情绪依恋关系，互相非常信任、理解和坦率，具有高度的亲密性和稳定性，各人有什么委屈、痛苦、欢乐都愿意在这里诉说，愿意在这里寻求同情、帮助、支持和理解。它虽然没有明确、专一的交往目的和内容，但却有强有力的感情来维系无形的群体。现实中每个人几乎都有自己心目中的友谊小群体。

学习型，它是由相同的学习内容和学习动机联系在一起的，他们一起经常交流情况，讨论学习问题，互相请教解难，是自由结合的一种学习兴趣小组。

相同兴趣爱好型，所谓物以类聚，人以群分。有相同兴趣爱好的

---

① 　http：//baike. baidu. com/view/693624. htm 2012 – 02 – 27.

人，对同一类事物有共同的兴趣和爱好。这一类事物是大家沟通的桥梁和纽带，能激起相同的喜怒哀乐，有助于促进和加深群体成员的感情。

反社会型。它是由一些具备违法犯罪动机和反社会倾向的人在一定的社会客观条件下自发形成的小群体，具有群体行为的一致性、明显的排外性和内聚力强等特点，他们一般对社会都有对立情绪和反抗心理。

青少年中的反社会型的"社会场"容易导致流氓、抢劫、盗窃、赌博等团伙性犯罪的产生。但是，也不能排除其他类型"场"对社会造成危害的可能性的存在。因为群体聚合还受以下作用的牵制：

1. 群体心理的怂恿作用。"三人成虎，四人成龙"。青少年聚合在一起，往往会不自觉地产生一种不恰当的强大感和优越感，对周围一切不屑一顾，行为轻浮、放荡。同时，他们中一人的大胆放纵行为又往往会受到群体的赞许和怂恿。青少年希望在群体里能够表现自己，树立自己在群体中的地位和"英雄"形象，避免表现出自己的懦弱胆小。正因如此，青少年团伙犯罪的恶性程度远大于单独犯罪。很多青少年因"逞能"而走上违法犯罪道路，就是在这种群体中。

2. 哥们儿义气的反效应作用。随着年龄的增长及交往面的扩大，他们朦胧地认识到人际间友情的重要，以致错误地信奉封建行帮和江湖义气，这种江湖义气所产生的结果，却是甘为朋友两肋插刀，不惜以身试法。我们称之为哥们儿义气的反效应。

3. 同类互补作用。一些具备违法犯罪动机和反社会倾向的人，渴望寻求同伴，目的是为了使自己卑微的灵魂和孤独的精神得到充实，他们由此而产生对社会更大的对立或报复心理，于是形成一个有组织、有计划的犯罪团伙。一个人一旦加入团伙，自以为找到了同盟和靠山。反社会行为就会变得更加放纵，甚至肆无忌惮。

4. 从众心理的作用。大部分人有从众心理，青少年更是如此。从众是指个人受到外界人群行为的影响，而在自己的知觉、判断、认识上表现出符合于公众舆论或多数人的行为方式。学者阿希曾进行过从众心理实验，结果在测试人群中仅有 1/4 到 1/3 的被试者没有发生过从众行为，保持了独立性。① 可见从众心理是一种常见的心理现象。青少年缺乏社会经验，对是非的判断能力较低，普遍有从众心理，认为"少数服从多

---

① http：//baike. baidu. com/view/393366. htm 2012 - 02 - 27.

数"，大多数总是对的，如此的从众心理形成的误区就是：一件事情，一旦多人参与就会变得容易接受和谅解。对青少年来说，这无疑是最佳的解决方式。

由于青少年"社会场"具有以上特点，因此，我们必须重视对青少年"社会场"的引导工作。首先，要加紧制定有关青少年的法律，运用法律武器保护青少年的健康成长。其次，要掌握青少年的心理，关爱后进青少年，对他们不放弃、不抛弃。学校和老师对于学习成绩差的学生与成绩好的学生应一视同仁，善于与差生交流、沟通，及时发现他们的优点、特长与爱好，积极进行正面引导，肯定其点滴的成功之处，让差生品尝成功的喜悦，慢慢刺激他们的好奇心与求知欲，找到适合自己的学习模式，取长补短。再次，要对各类良性"社会场"进行扶持、引导，对各类不利于社会安定的恶性"社会场"加以抑制和分化。特别是对这些"场"中的自然"领袖"应作为教育、引导的重点。这种"领袖"人物是未经任何组织任命或任何形式选举而自然产生的，无论是智力、能力或其他水平方面，都要优于一般人，在该"场"中起着巨大的影响力，做好了他们的教育、引导工作对带动和转变一群人的思想行动关系甚大。

（该文系作者近年研究成果，
已被《中国青年报》、《社会》杂志转载）

法制校长教案选

（一）
法律是什么——
法律：规范个体与社会的契约

法妹红霞

同学们，大家好：

今天由我为大家带来一堂法制课讲座，希望大家能够从我所讲的课程中了解到法律的一些表层含义和基本特征。

一、法律的定义和特征

法律就是用来规范人们日常生活、工作、学习并且带有强制色彩的行为准则的总和。这是法律的基本定义，是在罗马时期就已经总结出来的法律的概念。在今天，法律也会被赋予更新的更加符合社会发展规律的定义，归结到我国法律的概念就是：国家制定并认可的，由国家强制力保证实施的，以警察、检察、法院、监狱、劳教所等一系列国家机构为基本实施单位的，成文的社会行为规范。

法律的定义引申出以下几个特点：

第一，法律是国家制定并且认可的社会行为规范。

众所周知，法律之所以会成为控制、调整一切社会关系和人们行为的社会准则，皆归因于法律的制定者并非无名之辈，而是纳之四海、控之八方的国家，国家不是自古就有的，它是随着私有制的出现而形成的拥有固定的地域、固定的人口、固定的文化背景和固定的历史背景的统一的区域。而法律就是在出现了国家之后，出现了私有制之后，出现了统治阶级和被统治阶级之后应运出现的一种社会现象，其内涵在于控制所有属于国家范围之内的人和物；外延在于区别不同的国家和民族之间的不同的习惯和历史习俗。所以，法律只有依附于国家的制定并且依附于国家的认可才能成为控制和调整社会关系的重要手段。

　　第二，法律是由国家强制力保证实施的社会行为规范。

　　根据第一点，我们可以认识到法律的出现基础于国家，而法律的实施同样要基础于国家，没有国家的强制力保证实施，法律就不可能淋漓尽致地发挥作用。大家可以想一想，为什么法律要靠国家强制力保证实施呢？基本原因就在于国家是统治阶级控制被统治阶级的外在表现，这是任何社会形态均不能不承认的基本事实，而法律的出现就在于使统治阶级控制社会更加有效和简单，所以国家和法律是一对矛盾：国家制定并认可法律且用强制力保证法律实施，法律反过来保证其相对方能够顺理成章地听从于统治阶级的命令和保证统治阶级的意志顺利执行。

　　第三，法律是在警察、检察、法院、监狱、劳教所等一系列国家机构共同产生作用的社会行为规范。

　　前两点讲的是法律的基本特征，而此点是法律的特征发挥作用的前提，本点所强调的是，法律不是空空的架子，而是有具体的实施方法的有机体。法律依靠上述国家机构帮助其实施，同时也是使法律具有威慑力的根本表现。

　　第四，法律是成文的社会行为规范。

　　我国是大陆法系国家，大陆法系国家的基本特点就是法典的成文化。法典成文化的最大优点就是生动地体现了法无明文规定不为罪、法无明文规定不处罚的罪刑法定思想。所以我国的法律都是成文法。具体有宪法典、刑法典、民法典、行政法典等等。

　　二、法律的历史发展脉络

　　法律一词最早来源于罗马时代。在中国，法和律最早是分开的，不是一个统一的整体。

　　我国法律的发展经历了从奴隶社会到封建社会再到半封建半殖民地社会最终到了社会主义社会的发展过程。在奴隶社会时期，法律就是单纯的统治阶级的统治工具与控制人民行为和思想的武器，没有丝毫的人性化的东西和符合客观实际的东西在里面，那个时代的奴隶主妄图通过法律达到万万年于一世的千秋万代奴隶社会。到了封建社会，法律得到了进一步的发展，成为一种全新性质的统治阶级的工具，但是仍然是单纯的工具而已。到了半封建半殖民地社会，众所周知，中国的法律体系已经到了解体的边缘，帝国主义的国家观念和法律理念植入中国，使得中国没有自己的完整的法律思想了。到了社会主义社会，虽然其间也经历了挫折和弯道，但毕竟这是全新的社会形态，而且是目前为止最高级的社会形态，其法律性质也发生了根本的变化：从一味的只注重统治阶级向既重视统治阶级又重视被统治阶级的方向转变。而这一质的变化为中国的法律发展奠定了坚实的思想基础。

三、法律和我们究竟有什么关系

前面介绍了法律的一些基本的概念和特点，使大家对法律有了一定的了解和认识，但是法律和我们的生活究竟有什么关系，法律究竟在用怎样的一种方法调整着我们的生活，是不是没有法律就不能完成社会的交流和人们行为的约束？我们将通过以下的讲解来帮助大家理清上述问题。

第一，法律是保护我们生活环境的最后屏障。

之所以这样讲，就是因为法律规定的是我们道德的最后底线的东西，没有法律的强制性规定，也就没有道德的最基本的体现。我们都知道，道德讲的是我们不能做什么和命令我们做什么。这些都是从义务的角度来阐述的，往往不能很好地得到大家的认同；而法律不仅仅规定了我们不能做什么或者命令我们做什么，而且还规定了不能做或者命令做之后的种种好处：比如法律规定不能随意剥夺公民的人身自由，那么大家在履行这样一条义务的同时也享有了人身自由不受他人剥夺的权利。这就说明法律既注重公民的义务同时也注重公民权利。相比道德而言更加具有可操作性和人性化的特点。因此，我们说法律表现道德，而绝不仅仅表现道德。法律是道德的最后屏障，如果连权利也不想要了，那么就会失去道德的有效约束，也就失去了作为完整意义上的公民的权利。在我们生活环境的所有领域中都蕴含着义务和权利的矛盾体，从辩证唯物主义的角度看，这就是一种主要矛盾，而这种主要矛盾的关键就在于道德是最高层面上的法律；法律是最低保障的道德。

第二，法律是调整我们心理和精神领域的最有效的镇静剂和强心针。

法律表面上表现的东西都是硬性的不容置疑的，具有强制力和惩罚性，但这仅仅是法律的一种外在的基本表现，究其实质，法律要用强制性的东西服务生活和工作。我们从原始社会到现在的社会主义社会，一共经历了五个社会形态。每一个社会形态都有其固定性质和模式的法律，每个社会形态中的人们都遵循他们那个时代的法律，这就形成了一个有序的环境，在这种有序的环境之中人们比较容易接受客观存在的一些现象，比如不能偷东西、不能抢东西、不能伤害他人等。而这些现象的更深一层次则体现为秩序和安静的社会环境。人们在工作、学习、生活之余无非就是人与人的交流，而这种交流往往表现为对自己和他人的评价。法律在其中起到了无形的规范的作用。没有法律，人们在交流中产生了矛盾通常会选择一种私力的救济方式来支持自己的某种观点，对于这种方式产生的后果不去设想。而法律出现的最根本的目的之一就是最大限度地限制人们对于自身强大的假想，以使人们交流的过程中表现得安静和文明。这也就是法律的镇静剂的作用。

法律的另外一个作用就是强心针的作用。这个作用取决于法律的另外一个本质：法律设置义务来保证权利的实施和效果。如果我们只是通过第一个法律的本质来达到交流的安静和文明，那么人们在交流的同时就会受到来自他人的限制和自身的束缚，这样同样不利于彼此的沟通。所以我们要用权利来弥补这样的缺陷，在人们互相交流的同时出现了矛盾或者是利益的冲突，那么法律就会自然地被选择来解决这些问题。这种选择是自觉的和主动的，同时也是文明的体现。

总结起来：法律规定人们的义务就是社会的镇静剂；法律规定人们的权利就是交流的强心针。

第三，法律是社会进步和文明的起点，却不是终点。

在原始社会中有没有法律呢？这是一个已经得到了证实的问题。答案是没有。为什么？因为没有产生国家、阶级、财产所有制和几种特定的国家机构。到了奴隶社会呢？有了国家——夏启建立的我国第一个奴隶制国家——夏；有了阶级——以启为代表的奴隶主阶级和以奴隶组成的奴隶阶级；有了所有制——以聚敛剩余价值为此阶段的典型；有了国家机构——警察（士兵）、监狱（圈土、夏台）、法律——注意：法律在这时已经出现了。而奴隶社会相对于原始社会是一种进步，同时也是一种文明的过程。由奴隶社会到封建社会，由封建社会到资本主义社会，由资本主义社会到社会主义社会……这一系列的社会更迭，给我们一个这样的启示：每一个社会形态的变化必然带动社会生产力的迅速攀升和升级，而在这样一种经济基础的作用下，上层建筑自然会向着更加发达的方向发展。用亚里士多德的三段论来分析，规律就是：大前提：法律是上层建筑，小前提：社会主义社会是目前最发达的社会形态，结论：社会主义法律是目前最发达的法律。以后是否会出现更加发达的社会形态，是否会伴随出现更加发达的法律，这是一个未知数，同时也是一个不明的哲学现象，是一个没有穷尽的规律。可能我和在座的各位都不能亲眼见证这个规律的发展。

第四，法律给了我们勇气和辨明是非的能力。

法律是有生命的东西，他的生命就是社会发展的不断更迭；法律是有精神的东西，他的精神就是法律制定者的意志的体现；法律是会说话的东西，他的语言就是执法者的法言和法语；法律是能够给我们勇气和辨明是非之能力的东西，这就是法律的宿命。

我们在做一件事或思考一件事的时候，通常的做法就是一个人冥想或者几个人商量，但是绝大多数的人在思考的时候或者表达思想的时候都会不自觉地用法律来圈住思维的无限发散，这就是法律的"圈地运动"。而一旦出现了不符合规律的狂想的时候，法律就会赋予人们制止狂想的勇气和辨明这种情形是非的能力。这是其他的社会规范所不具备的性质。

柏拉图在他的《理想国》中说过这样一段话："法律是最具有理性的东西，他的理想思考远远超出任何一个时代的任何一位最出名的哲学家或法学家的想象程度。但是哲学家是最接近法律的理性思考的人，所以法律应赋予哲学家统治者的身份和统治其他人群的权利。法律同时又是那么的平等，他在应赋予了哲学家统治者的身份的同时，又极大限度地给予了其他人群用正当方式对抗哲学家统治的权利，赋予了他们勇气和伸张正义的权利，给予了他们这样的机会和体验。因此，就要求哲学家不仅仅具有王的一切美德，同时也要具有哲辨的能力和思维方式，就会出现这样一个全新的统治者——哲学家王。"柏拉图的这种论断虽然有些偏激和不切实际，但却不折不扣地为我们诠释了法律的又一个本质特点：提供人们勇气和辨明是非的能力。

综上所述，我讲解了法律的一些最基本的特点和法律的一些最基础的性质，旨在使大家了解什么是法律以及法律和我们有什么关系，希望大家能从中受到一些信息，我将不胜感动。

这就是法律的基本表象和基本实质。

（转自北京市海淀区检察院所编的
《法制校长教案选编》，法妹红霞系赵轶）

（二）
提高自控能力，增强法制观念

检姐白雪

同学们，大家好！

今天我着重讲五个问题：

一、法律到底离我们有多远；

二、我国司法体制中的未成年人犯罪和看守所内的未成年人；

三、从法律的严酷性来看三思而后行的重要性；

四、做一个知法守法的新时代青少年；

五、消除不良行为，为自己的人生道路扫清障碍。

一、法律到底离我们有多远

其实，这句话我也曾经问过我自己，那是在我上高中的时候，因为决定报考法律专业所以我才开始考虑这个问题，当时我得出的结论是：法律和英语一样就像一种工具，假如你能够灵活地加以运用，那么会产生某种事半功倍的效果。

大学的四年生活只是让我看到文字化的法律，却没有让我真正感觉到实实在在的法律，直到我成为一名检察官，才发现法律真的离我们很近，它不仅仅是维护我们的权利，而且还是制裁违法者的工具，"法不容情"这就是我们身边法律的真实写照。

"法律"对于在座的同学们来说似乎只是报刊杂志、电影电视上出现频率较高的一个词语，有些同学甚至认为法律对其自身来讲没有什么实质的意义，但是我想问一句，在座的同学中有多少同学向别人借过东西？我想一定不在少数。你们或许会问，借东西难道与法律有关系吗？其实，借钱与还钱就体现着一种最基础的民事借贷法律关系。

二、我国司法体制中的未成年人犯罪和看守所内的未成年人

未成年人犯罪和青少年犯罪在我国是不同的概念，（在座的同学中有谁知道青少年和未成年有什么不同？）中国的青少年犯罪主要是指已年满十四周岁未满二十五周岁的人触犯了刑事法律而应受到法律规定处罚的行为。按照中国法律规定，未满十八周岁的人为未成年人，已满十八周岁的为成年人。所以青少年犯罪既包括未成年人中的少年犯罪（已满十四周岁至未满十八周岁），也包括成年人的青年犯罪（已满十八周岁至未满二十五周岁）。中国司法体制中未成年人犯罪主要对象是指已满十四周岁不满十八周岁的未成年人实施的犯罪。

在检察院里，监所检察处的主要职责是维护在押人员的合法权益，监督干警违法违纪行为。当然也包括维护未成年在押人员的合法权益。在看守所里关押着因各种犯罪行为的犯罪嫌疑人，特别是抢劫罪、盗窃罪、非法经营罪、故意伤害罪、诈骗罪、招摇撞骗罪、贩卖毒品罪七种罪，它们占未成年犯罪总数的85%以上。

我的日常工作决定了我要经常讯问这些未成年人。每次在讯问这些特殊的未成年人时，我的口吻就会变得温柔缓和许多，因为他们那一张张像我的弟弟妹妹一样的脸，让我无法施展我的严厉。与他们的谈话也是个痛苦的过程，是个让我充满惋惜和怜爱的过程，有时我也在怀疑自己的耳朵，不相信在他们这么柔弱的外表下为什么会有如此丑陋的心灵？他们真是可恨又可怜！不知在座的同学们如何看待未成年犯，你们是否也同我一样产生一种又恨又怜的感觉？同学们都看过"青春法律纺线"吗？可能有的同学看过有的没看过，或许看过以后你们对法律能够产生一定的理解，并对犯罪行为有一定的认识，但是你们是否能真的远离不良行为，远离犯罪，我想那都将是个永远的未知数。

看守所是一个封闭的空间，可以说如果看守所内的未成年人不犯罪的话与你们并无区别，因为无罪的他们也可以像你们一样坐在这里听法制讲座，像你们一样在课间休息的时候和同学大声说着有趣的事情，在放学后和三五好友在操场上踢足球……然而因为犯罪在看守所里他们唯一可以做的就是——坐板（近似于老和尚坐禅。被羁押人身体挺直，盘腿坐在地板上，双手扶膝。可目视前方，也可闭目，但要集中思想和精力，反思自己的罪恶。）。听着感觉有点像练瑜伽，但是这绝对不是一种享受。或许有的同学会说我也经常反思呀，难道有什么区别吗？试想一下如果你是一名未成年的犯罪嫌疑人，在判决结果下来之前，除了履行必要的法律手续外你一天中的大部分时间都只能坐在木板上反思，不许和任何人说话，不许做别的事情，就那么人挤人、人挨人地坐着，你会怎样？闷死了对不对？古埃及有句谚语：耐心是种美德。但在看守所里耐心是一种煎熬，它将人的心灵慢慢地逼向崩溃的边缘。每次我在巡监通道进行检查的过程中碰到在押人员，他们的第一句话都是：检察官，我的案子到什么阶段了？我什么时候能够接到判决书呀？对于被限制人身自由的人，时间的漫长是显而易见的，成年人在看守所里尚且无法忍受，更别说那些平常在家就娇生惯养的未成年人了，想家、想妈妈成了这些未成年人的共同的心声。看守所虽不是深渊，却是一个可以折磨生命的地方。

同学们千万别觉得"失去自由"没什么，裴多菲曾说过："生命诚可贵，爱情价更高，若为自由故，两者皆可抛。"失去了自由，一天、两天或许你还可以忍受，但是长时间地被关押着，被人控制着，你的内心就会慢慢产生一种像奴隶般的卑微感。那是一种心理作用，由外及内，你们认为自己能承受吗？

所以我来到这里不是来警告你们的，也不是来训斥你们的，因为人的一生只能由其自己来控制无论走对或走错，迈出那一步的脚始终是你的，即使你是受他人所左右，最终做出抉择的人还是你自己。"没有比人更高的山，没有比脚更长的路，没有比自己更好的医生。"当你泯灭了志向，泯灭了正直与善良，你们才是自己的医生！

三、从法律的严酷性来看三思而后行的重要性

同学们都学过政治吧？应该了解经济基础与上层建筑之间的关系，法律属于上层建筑的一部分，它是服务于经济基础的，因此法律对于我们来说它服务于我们的生活。但是法律并不总是那么温柔，它也有严酷的一面。下面的这个例子就是发生在两名初中二年级学生之间的一起凶杀案，引起血案发生的原因只是一件小事情，但所带来的法律后果却是严酷的。

一天上午课间休息时，班上的几个男同学在一起谈论足球赛，张三和李四因为对比赛的看法不同发生争执。彼此争论不过便动手打了起来，此时正好到了上课的时间，同学们就拉开他俩都上课去了。按说这场争论足球赛的事情就应该结束了，可是在下午放学回家的路上，张三和李四又争吵了起来，还越吵越激烈，冷不防张三拔出身上佩戴的水果刀向李四的胸口捅了一刀，李四顿时昏倒在地，在送往医院的途中不幸死亡，张三后被公安机关抓获。审讯时，张三陈述说："我和他吵架时，我觉得他是世界上最可恨的人，越看越不顺眼，觉得只有捅

他一刀，才能够解心头之恨。"张三今年刚满 14 岁，按照《刑法》的规定，年满 14 周岁未满 16 周岁的人犯故意杀人罪，应负刑事责任。因此张三必将为自己的行为负刑事责任。

不知道在座的同学们与别人吵架的时候是否也会有同样的感受，尤其在遇到与自己意见不同之人时，是否恨得牙根直痒痒，是否有某种置人于死地的想法，假如你有那并不是犯罪，某位法学家曾经说过："思想不构成犯罪，只有把它们变成切实的行动，犯罪才有可能产生。"所以恨、诅咒都可以，但是仅仅局限于思想，不要让它付诸行动，因为一旦付诸了行动，你就要对你的行为负责，无论是民事责任、刑事责任还是其他法律责任总之最后那个承担责任的人一定跑不了行为的实施者。

从年龄角度看，你们现在所处的时期是一个从幼稚走向成熟，生理和心理急剧变化的时期。此时期的你们相对自我控制能力比较差，行为带有很大程度的冲动性。在遇到事情的时候，往往只顾眼前利益，不考虑后果，行为带有盲目性。本案中张三就是这样，由于一时冲动而将自己的同班同学杀死，造成了不可挽回的后果，同时也影响了自己的前程。

在《预防未成年犯罪法》中规定，未成年人对犯罪的自我防范，其中就应当做到树立自律意识。自律就是要求未成年人要注意思想品德的修养和法制观念的培养，要自觉地运用道德规范和纪律、法律来约束自己，增强自我控制能力。好冲动是绝大多数未成年人共同的特点，所以在这里我也想提醒同学们，当你和别人发生矛盾时，要多想一下自己有没有错误，而不能老是死钻牛角尖，总觉得错误全在对方。越想越生气的结果往往会使你失去自我控制的能力，做出不该做的事情。14 岁的张三成了杀人犯，这不是老师、同学、家长所能想到的，就连张三自己都不敢相信自己成了杀人犯。这血的教训时时刻刻都在提醒同学们在成长的道路上一定要逐渐培养自我控制能力，做事要三思而后行，不能凭借一时冲动而一失足成千古恨，到那时后悔就来不及了。

四、做一个知法守法的新时代青少年

同学们，我相信你们即使对法律一无所知，也应该拥有最基本的道德良知，能够判断一些行为的正确与错误，违法或合法。因为我国的教育体制从小学阶段就开始设立思想政治这门必修的课程，从一年级开始，学校、老师、家长就在告诉你什么是最基本的道德良知。更何况现在的青少年无所不知，相信你们的思想空间已经为法律这个最基本的道

德留下一片小小的空间，当然这片空间不应该是空白的，它应该能够承载你们心灵深处最浅层的良知，在你做出行为的时候被启动，使你的行为合乎道德的标准，合乎法律的规定。

人心思完，但人无完人，我不会要求每个在座的同学去争当圣人，因为连我自己都无法做到。但是，学着去认识法律，运用法律来保护自己，则是你们可以做到的事情，我们不能知法而违法，记得在看守所我曾经提讯过一名因抢劫入所的未成年人，她是个眼睛中带着几许沧桑的女孩，她所在的学校还是一所区重点学校，当我问及她是否看过"青春法律防线"时，她说："看过。"当我问及她是否知道抢劫罪时，她说："知道。"当我问及明知是抢劫行为，为什么还去做时，她说：当时根本就没有想那么多，只想到有了钱就可以和朋友们一起去买手机了。我相信会有很多的未成年人都知道抢劫行为是违法的，但是在实施抢劫行为时将原先接受的那些法律思想早就抛到九霄云外了。知法，守法是个完整的环节，缺少了任何一环，都有可能导致犯罪。

五、消除不良行为，为自己的人生道路扫清障碍

古语云："勿以恶小而为之。"无孔不入的影视文化和互联网，过早地催熟了未脱稚气的少年。孩子们虽然没有成人铸就的世界观，却有着和成人同样的双眼。同学们你们是否发现在你们生活学习中的某些不良行为，不但影响了你们的健康成长还逐渐演变成了某种犯罪的前奏。一位看守所内的在押人员曾经对我说过："想想我们，之所以成为了今天的罪犯，不论是犯抢劫、盗窃，还是诈骗、伤害……都有着一个相同的习惯——好逸恶劳！"在这种坏习惯的"驱使下"，从小偷小摸逐渐胆子越来越大，心灵变得扭曲，终于在违法犯罪的道路上一发不可收拾……所以我请同学们注意以下不良行为：

1. 厌恶学习，考试作弊。有些同学平时学习松懈，纪律观念淡薄，为了应付考试，只好临场作弊、带小抄、传纸条、换试卷，败坏了学习风气，从小养成了弄虚作假、欺诈投机的恶习。有的作弊被老师发现，受到严厉批评后，中途辍学，有的甚至因此而报复老师。

2. 厌恶劳动，追求享受。这表现为追求吃喝玩乐，盲目同别人攀比，想吃好的，穿名牌，用新潮的，玩刺激的。整天游手好闲，乱交朋友，忙于早恋，迷恋异性，文身吸毒，整日沉湎于游戏室、录像厅、酒吧厅、舞厅。

　　不知同学们平时是否看报，不久前，媒体报道了某地"青少年连环被杀案"的内幕情况。某地连续两年失踪了 18 名未成年人，发生凶杀案件 11 起，这些未成年人全都是中学生，而且都是男性。经调查显示，孩子的失踪的地点全是录像厅、游戏厅、网吧等青少年经常出入的场所。本案的杀人凶手黄勇更是被称为"网吧连环杀手"。本案的唯一幸存男孩王某在侥幸逃脱后对家人说，黄某就是用花言巧语将我从网吧骗到他家，然后就凶相毕露，开始折磨我，手段极其残忍。记者在见到王某的时候，王某两眼充血，咽喉处大片青紫，话都说不利落，肚子上还有无数针扎的伤……

　　同学们你们知道为什么黄勇专门选择网吧里的未成年人吗？因为他认为网吧里的未成年人好骗。这些未成年人沉迷于网络游戏，网上交友，而这一切又要靠金钱来维持，一个中学生能有多少钱，于是他就通过欺骗的手段引诱这些未成年人，谎骗他们自己家有钱可以借给他们或者可以免费上网等，将一个个还少不更事的孩子带进了地狱。

　　黄勇可能根本就没有任何杀人动机，我们从逃脱的孩子王某的口中可以得知。王某说自己之所以能够逃脱，就是因为看到黄某在屋中徘徊，嘴里面念着"杀？不杀？"的时候，他向黄某表示："你放了我吧，等你以后老了我来养你。"就是这句话最终救了王某。

　　所以我想在这里提醒同学们，要提高警惕，保不准你们身边也存在一位"网吧连环杀手"，到时候若是落入了他的手里，恐怕再有趣的游戏你们也玩不成了，甚至连和同学们打闹，在父母身边撒娇的可能性都没有了！

　　近年来，社会的影响、感染，宣扬暴力和色情的书刊、音像制品到处流传，在街头巷尾的录像厅里随时都能看到残暴的镜头。由刺激转到模仿。"拜金主义"使得相当一部分学生互相攀比。追求名牌，许多未成年人的犯罪动因就是从对名牌服饰的追求和渴望开始的。有的是玩电子游戏钱不够，就去抢劫。所以远离上述这些不良的场所，不良的物质和文化，让我们学会净化自身，净化我们的生活和学习。

　　3. 不讲公德，为所欲为。他们往往缺乏社会公德，违反道德准则，为所欲为，表现为乱倒垃圾、随地吐痰、攀折花木、毁坏公物、吹牛撒谎、夺人所爱、偷鸡摸狗、损人利己、当众起哄、谩骂行凶。

　　4. 以大欺小，勒索钱财。特别是当前在校学生中，恃强凌弱，以大压小，勒索钱财的现象非常普遍。他们向年纪小的同学要钱、要物，稍有不从，即大打出手，成为校园里的害群之马。

有一个孩子刘某就被敲诈了多年。几个敲诈者和他同校，高两个年级。最初是索要香烟和啤酒，不给就打，并警告说："如果胆敢告诉老师和家长，每天揍你。"可怜的孩子将家里的烟酒悄悄偷出来，每天到校的头件事就是给他们"进贡"，"进贡"的数量一直看涨，香烟从一盒到五盒再到一条，刘某在家里实在偷不出烟酒了，他们就索要钱，名曰"保护费"，每月 50 元。刘某的压岁钱、零花钱都"上缴"了，还不能满足他们愈来愈大的胃口，刘某开始编造谎言，从父母和亲戚那里骗钱。几年之后，父母才发现破绽，再三追问，孩子哭着说出原委。家长大惊，为了孩子的安全，父母轮流接送。可是，父母不能老在学校待着，课余时间，他们就找茬打刘某。家长只好将刘某转到该市的另一所学校就读。可这仍然躲不过他们的追打。刘某的父母质问这群孩子："他和你们有什么怨仇，为什么一直不放过他？"他们振振有辞地说："他告诉家长，犯规了。"再后来，刘某说什么也不愿上学了。这么一个聪明、可爱的孩子因此变得木讷、寡言了。

同学们，或许你们平时也会遇到这种情况，面对有人抢劫你的情况，你们采取的是什么方法呢？是对家长或对老师隐而不谈，还是及时地告知老师和家长？在这里我可以提供给同学们一个解决办法，概括起来就是：事中妥协，事后报案。同学们在遭到抢劫的时候，千万别慌，如果能逃走最好，如果无法逃走或者被几个人围困，这时首先就要搞清他们的目的，是劫财还是别的什么目的，如果是劫财，那么就一定要表现出屈服于他们的样子，尽量不要把他们逼到打人的地步，如果抢劫者威胁你如果不给钱打你的话，那就把钱给他，这时一定要记住抢劫人的外貌特征，别因为惊吓方寸大乱，因为我们绝不能白白地被抢，任何抢走我们钱财的人都要为此付出代价。事后同学们一定要及时向父母或老师告知情况，让父母带自己去报案或采取别的方法，不要等事情发生了一两次以后才告诉父母，这样可能会助长抢劫者的猖獗气焰。

5. 称兄道弟、哥们儿义气。物以类聚，人以群分。这类人通常臭味相投，易形成"团伙"。常常彼此拉帮结伙，打架斗殴，不问是非，聚众闹事，喜欢为"朋友"两肋插刀。

未成年人犯罪的一个重要特征就是共同犯罪。有资料表明，约 70%

的未成年人犯罪案件是团伙作案。

这些团伙少则三四人，多则 10 多人。大多为了谋取钱财、寻求刺激。他们作案时配合默契，有的望风，有的用语言威胁，有的采取暴力手段抢钱物，然后共同挥霍。有的仿照电影中"黑社会"组织，结成帮派，滋扰校园和社会。

在一些中小学，一些学生拉帮结伙成风，讲江湖义气，为了"友谊"，不问为什么，一呼百应，群起攻之，丧失了同情心、怜悯心和道德感。有的学生为了寻求保护，还主动加入到某个团伙中，认为不加入就会受人欺负。

许多未成年人正是因为参与了小团伙，受团伙中不良成员的影响参与了犯罪。

俗话说：近墨者黑，近朱者赤。辍学或无人监督的未成年人，总是能和不法青少年团伙有共同语言，继而成为团伙中的一员。汪某、王某未满 18 周岁，自从与不良少年袁某、莫某等人结识后，臭味相投。他们结伙在公路上利用夜色掩护，拦下外地货车抢劫。案发时，已参与作案4 起，使外地货车司机不敢从此地经过。

心理学者的观点是：小学生从众心理强，小团伙的传染性很强，团伙中的坏习气很容易传染到校园，坏了校风，影响了学生。所以，我们应该加强引导，将小团伙引到正道上来。如果不能及时对他们加以引导，就会使这些未成年人走上恶性犯罪或成人以后继续犯罪的道路。

希望同学们尽量杜绝上述行为的发生，不要让上述行为成为你们犯罪的前奏。最后我教大家七种放弃仇恨的方法：（1）放下仇恨；（2）少担心；（3）简单生活；（4）期望少；（5）多付出；（6）经常笑；（7）交一个好朋友。

今天我的课就到这里，最后希望同学们为了尊重自己，为了尊重生活，去架设美好的明天吧！让你们用今天的改变去换取明天的幸福生活。

（转自北京市海淀区检察院所编的
《法制校长教案选编》，检姐白雪系李莹）

后 记

　　此书脱稿时，我静坐于书房，一种感恩之情油然而生……

　　首先，我要感谢各位领导、同志和朋友们。因为，此书作为浙江省社会科学重点普及课题，从选题立项，到课题的完成及顺利出版，得到了不少领导的关爱和朋友的鼓励：浙江省委常委、宣传部部长茅临生，台州市委书记陈铁雄为本书题词，台州市人民检察院党组书记、检察长陈志君为本书作序，在编写过程中，得到了中国检察出版社马力珍女士、中国人权网张伟总编、台州籍知名作家徐卫华先生及台州市人民检察院青年干警联合会中不少青年才俊的前卫思路启发和文字润饰，得到了台州市财政局、台州市教育局的大力支持，在此，我表示衷心的感谢！同时还要感谢许多基层检察院的同志为本书提供不少精彩案例。

　　其次，我要感谢我的母亲。因为，五十年代，年仅二十多岁身为农村基层妇女主任的母亲，为响应国家"大兴水利"的号召，带领妇女突击队建造了闻名浙江的六敖"三八"水库，出席 1958 年全国社会主义劳动积极分子代表大会，受到毛主席、周总理等国家领导人的接见；结婚生子后，她竟不顾夜深路远，翻山越岭往返步行数十里，从海边渔港赶回家中，为的是给熟睡中的婴儿喂上一次奶；现在，她年近八十，仍担任居委会小组长，穿行于大街小巷，为城市卫生、计划生育和基层选举工作发通知送选票，乐此不疲！她勤劳、善良、朴实，爱生活、爱劳动、爱子女，她的大爱无边，深深地感动和激励着我编写此书。我将传承母亲的勤劳、善良和朴实，服务社会，回报母爱。在母亲八十岁生日来临的时候，我将以此书作为礼物送给老人家，愿她健康长寿！

同时，我希望天下父母都能成为孩子们的最好老师！因为，每个孩子内心都有一扇窗，只要你找到进入孩子内心的那把钥匙和通道，奇迹就会发生！所以，此书不仅仅是一本青少年的普法读本，更是可供家长阅读并与其沟通的钥匙和通道。跌下去是耻辱，站起来是尊严，在此，我想说的是，家长要给孩子一个成长的空间；在法制文化教育的通道上，家长们应该陪同孩子一起成长！

根据法律规定，未成年人犯罪案件，都属于不公开审理的案件。为了保护未成年人的姓名权、名誉权和自尊心，本书所列举的大部分案例和事例，均用别名或化名代之，如有类似情况，请勿对号入座。此书作为普及法律知识的教材，为增强知识性、可读性和趣味性，对现实性较强的案例进行了艺术提炼和加工，作者从不同的背景和角度完成对青少年涉法情景和故事的创作，它将帮助青少年朋友更清晰地认识自己所面对的现实和与日常生活有关的法律知识，力求产生共鸣并引发对学习法律知识的兴趣。《青春法律防线快读》还将续编下去，请广大读者参照本书体例，踊跃提供精彩案例或编写法制情景剧和读后感言！并通过"权利辞典网站"（www. qlcd. net）开辟的专题栏目与作者建立互动通道，或通过电子邮件发送（wangjh1959@126. com）。

王建华

2012 年 3 月 21 日夜

于临海湖畔人家秋水轩

"送法进校园"活动鸣谢单位：

北京市海淀区人民检察院

台州市人民检察院

台州市财政局

台州市教育局

椒江区人民检察院

黄岩区人民检察院

路桥区人民检察院

临海市人民检察院

温岭市人民检察院

玉环县人民检察院

仙居县人民检察院

天台县人民检察院

三门县人民检察院

浙江力汇律师事务所

浙江日中天律师事务所

图书在版编目（CIP）数据

青春法律防线快读/王建华主编. —北京：中国检察出版社，
2012.7
ISBN 978 - 7 - 5102 - 0659 - 7

Ⅰ.①青…　Ⅱ.①王…　Ⅲ.①青少年犯罪—预防犯罪—研
究—中国　Ⅳ.①D669.5

中国版本图书馆 CIP 数据核字（2012）第 082152 号

青春法律防线快读

王建华　主编

出版发行：中国检察出版社
社　　址：北京市石景山区鲁谷东街 5 号（100040）
网　　址：中国检察出版社（www.zgjccbs.com）
电　　话：（010）68630384（编辑）　68650015（发行）　68636518（门市）
经　　销：新华书店
印　　刷：保定市中画美凯印刷有限公司
开　　本：A5
印　　张：6.125 印张　插页 8
字　　数：153 千字
版　　次：2012 年 7 月第一版　2012 年 7 月第一次印刷
书　　号：ISBN 978 - 7 - 5102 - 0659 - 7
定　　价：18.00 元